三木　睦子 述
明治大学史資料センター 監修
明治大学三木武夫研究会 編

総理の妻

三木武夫と歩いた生涯

日本経済評論社

はじめに

三木武夫研究会では、二〇〇七年六月から三木武夫令夫人である睦子氏への連続インタビューを実施した。研究を始めるにあたり、およそ五〇年にわたり三木の傍らにあってその政治生活を支えた睦子氏から聞き取りを行うことが必須と考えたためである。インタビューは渋谷の三木武夫記念館において一回およそ二時間を単位とし、二〇〇八年一一月まで計九回行われた。聞き取りに参加したメンバーは、小西徳應、秋谷紀男、川島高峰、矢野雅子、竹内桂、村松玄太に加え渡辺隆喜（明治大学文学部教授・大学史資料センター所長〈肩書きは当時〉）であった。ただし、インタビューにより参加者には異動がある。聞き取りは総計二〇時間を超え、インタビューの起こし原稿の総量は四〇〇字詰め原稿用紙七〇〇枚に及ぶ。睦子氏からの聞き取り内容は多岐にわたり、今まで多数発表されている著書やインタビューでも知られることのなかった、身内ならではの貴重な証言を数多く伺うことができた。三木をもっとも近くで見てきた睦子氏から語られる三木武夫の肖像を広く知って頂く契機となれば幸いである。今回単行本にするにあたり、三木武夫令息の三木格氏、令孫の吉田麻氏に校訂を仰いだ。記して感謝する。

（三木武夫研究会）

目次

一一　三木内閣の政権課題への対処……209

家系図

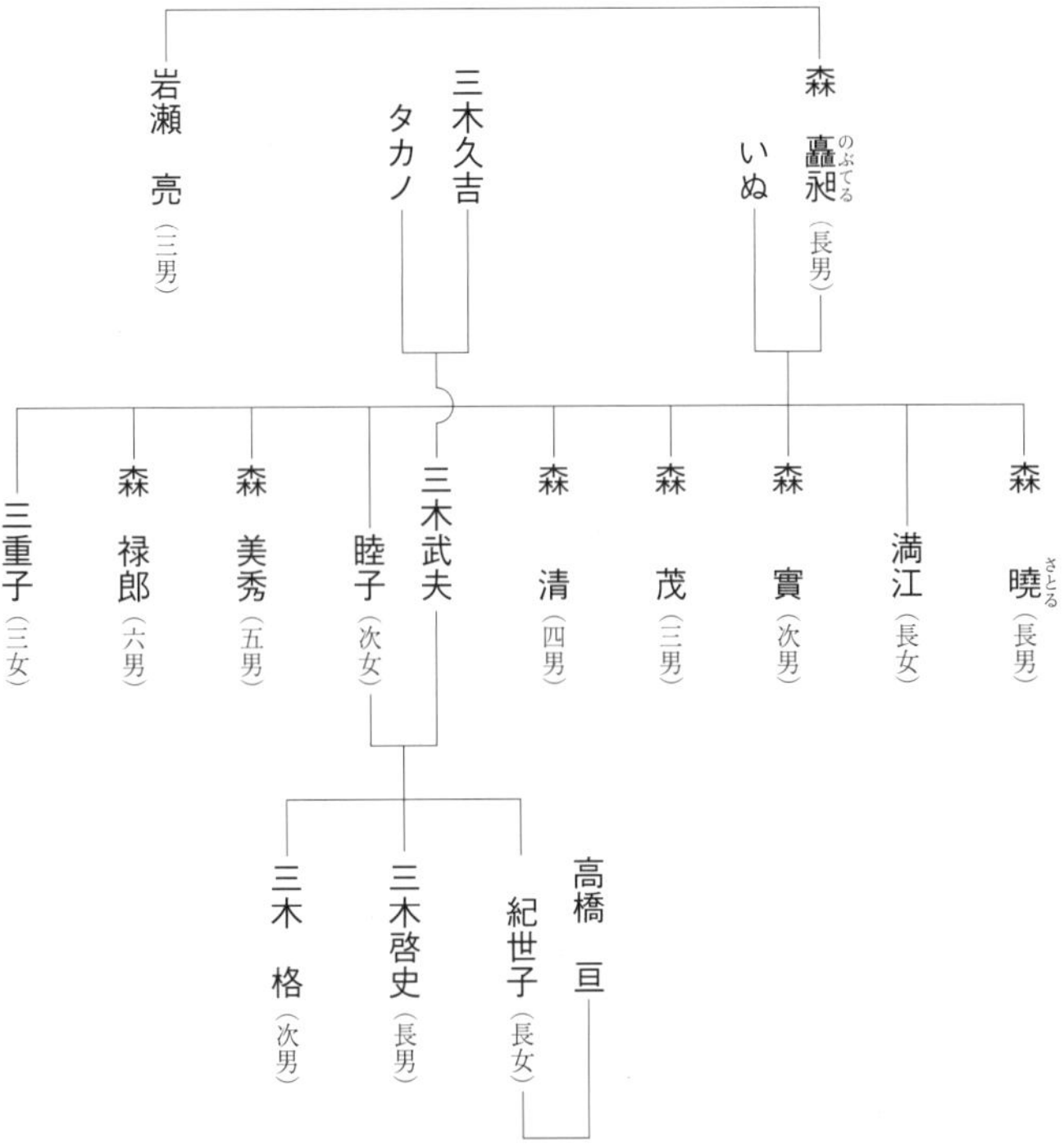
森
矗昶《のぶてる》（長男）
いぬ
三木久吉
タカノ
岩瀬　亮（三男）
森
曉《さとる》（長男）
満江（長女）
森
實（次男）
森
茂（三男）
森
清（四男）
三木武夫
睦子（次女）
森
美秀（五男）
森
禄郎（六男）
三重子（三女）
高橋　亘
紀世子（長女）
三木啓史（長男）
三木　格（次男）

一　三木武夫との出会いと初期政治活動

三木武夫が森睦子氏と結婚したのは一九四〇（昭和一五）年六月二六日のことである。睦子氏の父は昭和電工創業者の森矗昶《のぶてる》である。三木は明大在学中に米国留学の経験をもち、卒業直後の一九三七年四月に実施された衆議院議員総選挙に、当時の被選挙権の最少年齢である三〇歳で当選した若手政治家であった。睦子氏の叔父にあたる岩瀬亮（衆議院議員）の紹介により森家の知遇を得ていた。結婚当時三木は三三歳、睦子氏は二三歳であった。

三木が初当選したころは、日中・日米間の緊迫がピークに高まっているとともに政党および議会の堕落、腐敗が強く叫ばれている時代であった。三木は無所属で政党・議会腐敗に対して激しい批判を加えながら、政治浄化を旗頭として選挙を戦い抜いた経験をもっていた。

初当選時の三木は特定の政党に属さず、院内会派の第二控室に所属した。第二控室には憲政の神様として知られる尾崎行雄（咢堂）をはじめとするユニークなメンバーが顔を揃えていた。三木は地元徳島での政情視察を活発に行うとともに、地元からの陳情にきめ細かく応えた。その一方で当時数少なかった知米派として、緊迫する日米関係を改善するため、岩瀬たちとはかって行動を起こす。一九三八（昭和一三）年二月に日比谷公会堂で日米親善国民大会を開催し、「日米非戦」を訴えた。また翌一九三九年四月には、アメリカで病没した斎藤博駐米大使の遺骨を乗せた巡洋艦アストリア号の歓迎事業に奔走し、日米が戦端の火ぶたを切ることのないよう、努力を重ねていた。しかし戦争へと向かう奔流は堰き止められるものではなく、一九四一年一二月八日の日米開戦により、日本は戦時体制に突入し、暗い時代を迎えていく。

（村松玄太）

三木睦子氏（2007年）

小西　このあといろいろお聞きすることになりますけれども、どうお呼びしていいのか難しいのですが、「睦子さん」、そして三木武夫氏のことは「武夫さん」と呼ばせていただいてよろしいでしょうか。

三木　はい。

三木武夫との出会いと結婚

小西　武夫さんのことは一九三七（昭和一二）年ごろ、結城豊太郎（日銀総裁・大蔵大臣等歴任）さんが睦子さんの叔父の岩瀬亮（衆議院議員）さんに紹介されたということですが、睦子さんはどういったきっかけで……。

三木　どういったきっかけかよくわかりませんけれども、結城豊太郎さんは私の里とはとても親しくしてました。お世話になっていたんだと思います。それで結城ご夫妻と、私と同い年のお嬢さんと、それからお嫁にいらしたお姉ちゃまが……。ちょっと可愛いお兄ちゃまを一緒にお連れになって、千葉県中を旅行して歩いたことがあるんですね。最初の日は私の里へ泊まって、そしてあと鴨川やらへ行きました。館山に安房神社というのがあるんですね。結城さんのおじ様が「この安房神社というのは、四国の徳島から阿波の神様を連れてきて、ここに祭ったんだ」と、何かと四国とつけてお話しになる。私は、そこへ来るとは思わなかったんです(笑)。ということでございまして、四国の阿波神社が、いつの間にやら何となく……。

小西　じゃ、結城豊太郎さんは、かなり意識されていたんですね。

三木　そう思うんですね。こっちがそう受け取らなかっただけで。

小西　結婚を前提にといったときには、それは武夫さんのほうから正式に申込みがあったんでしょうか。

三木　覚えてませんね。何しろ私と母と高尾山か何かへ遊びに行っていて、帰ってきたら男どもが頭を寄せて何とかかんとかやっているんですね。着替えてその席へ行ってみたら、「君、三木君と結婚したまえ」って、兄が言うんですよ。決まっちゃったみたいなことを言うんですよね。その三木君が、そこに座っているじゃありませんか(笑)。びっくりしちゃって。まあ簡単なものですね、女というのは。

小西　武夫さんとは、その前から顔はご存じで。

三木　そりゃあ、しょっちゅう来てましたからね。顔は知っているんですけども、話はしたことなかったです。

小西　会話はそれまであったのかなと思っていたんですけど。

三木　全然。その後もなかったですからね、結婚するまで。何しろ叔父様のお友達ですから。兄貴の友達なら、また話は違うけど。

竹内　当時、できたばかりの議事堂に行かれたと思うんですけれども。

三木　そうそう、新しい議事堂ができて国会が日比谷から引っ越してきたんですね。まだ庭には石がいっぱい積んであったりして、ひどいものだったんですけれども……。有名な反戦演説をなすった……。

竹内　斎藤隆夫（衆議院議員・国務大臣）ですね。

三木　それを聞きに母が行くというんですね。それで私は母のお供をして、その新しい国会へ行ったんですけれども、そのときに、叔父じゃなくて三木が案内してくれたんですよね。別にこっちはどうともしなかったんですけれども、叔父も忙しかったんでしょう。

　ところが、その新しいできたての国会議事堂ですから、母が、そのニスにかぶれちゃったんですね。それでこんなになって、かゆい、かゆい、かゆいって七転八倒するんですね。ああいうものにかぶれたら、お医者様でも何でも手の施しようがない。それで、少し治まってから熱海へ静養に母が出かけて行きました。私もついて。そしたら、そこへ三木さんがひょこっと見舞いに来たんですね。国会議事堂での事故ですから、国会議員がみんな平身低頭して謝らなければと。私は当然だと思って、「もう国会なんていうところは二度と行かないわよ」とか何とか言って。

竹内　それはご結婚の前の話なんですか。

三木　そうなんです。うちへはしょっちゅう来てましたけれども、別に話をすることもないし、ただ母を見舞いにわざわざ来たということで、これは「申し訳ない」と思っているのかなと思っていただけのことなんです。それで帰ってきてから程なく「さあ嫁に行け」って兄たちが言うんですよね。

竹内　先ほどのお話のすぐ前ですか。

三木　夏ですからね。一九四〇（昭和一五）年六月の一日ごろに「さあ行け」と言うんで、その月のうちに結婚したんじゃなかったかしら。ともかく、パパパッと追い出された（笑）。

小西　武夫さんのほうが急いでいたという……。

三木　そんなことはないと思います。むしろ彼は、秋にどうだなんていうことも言ってましたし。私は、お料理ってしたことないから、まず料理教室へ通おうと思って、「食べることを勉強しなくちゃ」って言ったら、「事務所でコックを雇うからいい」って。そのコックはいつ雇ってくれたかというと、それから三〇年も経って（笑）。三〇年経ってやっとコックを雇ったら、東京會舘の一番の人が来てくれたんですね。それで、たぶん毎日ごちそうを食べるのかと思ったら、うちへ帰ってきちゃうんですよ。「事務所にコックがいるのに」と言ったら、「やあ、やっぱりうちのほうが落ち着くから」って。結局コックは使わないものですから、その人は日生劇場か何かのチーフになって行っちゃったんです。

それで結局は、コックのつくったごちそうじゃなくて、うちへ帰ってきて「めしだーっ」と言って。男の人ってどうしようもないですね。でも、皆さん、そういうわがままをしていらっしゃるんでしょ（笑）。

竹内　話がまた戻りますが、そもそも武夫さんを最初に見かけたのは、麹町の家に武夫さんがいらっしゃったときということでよろしいですか。

三木　覚えてませんね、いつうちにやってきたのか。叔父としょっちゅう一緒に来てました。そのころ議員会館というのがなかったんです。だから休憩時間になると、行くところは森家の応間ということに。何しろ国会議員がどやどや来て、わいわい言ってました。国会から近いものですから、休みとなるとみんなやってきて。また、母が調子がいいんです。

小西　武夫さん以外にも若い議員の方はいらっしゃってたんですよね。

三木　はい。

小西　それこそたくさんいる若い人たちのうちの一人ぐらいの認識しかなかったんでしょうか。

三木　そうでしょうかね。もう忘れてしまいましたよ。

小西　お兄様から「結婚しなさい」と言われて、それから当然意識はしますよね。武夫さんについて、何か驚かれたこととかありますか。

衆議院初当選のころの三木元首相（1937年）

三木　何も知りませんでしたからね。それで「ご家族は」と聞いたら、「親がいるだけで、兄弟はいない」とかね。そんなことは当然もっと早くから知っているはずだと思うのに、何もかも初めて聞く話で、二人きりで話をしたということは、結婚するまでなかったかな、という感じです。

小西　結婚が決まってから徳島のほうへはもちろん行かれて。

三木　結婚してから行ったんです。行ってびっくりしましたねぇ。どういう家庭で、どんなという話は何もしないから。私の叔父が三木と仲良しだから、私について一緒に行くって言ってくれたんですね。夏のことでしたから、夏の振り袖や何かを用意して。汽車に乗って神戸まで行って、神戸から船に乗るわけですよ。誰かがついて来てくれるものと思ったら、誰も来てくれなくてもいいいって、三木が断ったんです。だから私ひとり。叔父なんかは自分の責任だと思うから一緒に行くと言ってくれたんですけれども、それも断っちゃって、私ひとりで乗り込んでいったんです。行ってみて、まあ驚いたのは、何もかも違うんですね、我が家とは。びっくりすることばっかりでした。

小西　家業は肥料商でいらっしゃいましたね。かなり手広くやっていらっしゃったんでしょうか。

三木　と思いますね。その後、父が亡くなってから気がついたんですけれども、ずいぶん県の南のほうにも畑の中に道がありまして、そこの小さな道しるべみたいなのをよく見ると「三木久吉これをつくる」とか書いてあるんですね。ずいぶん、あっちやこっちやにそういうのがあって、「へぇ、こんなところまでおとうちゃまは来てたのかな」と思うようでしたから。

小西　私の父も種苗商なんですが肥料も扱っておりますので、非常に親しみといいますか、よくわかります。

三木　私が行ったころは統制経済のね。戦争ですから、自分でそんなにいろんなものを扱ったわけじゃなかろうと思います。ほとんど農業会がやっていたんだと思いますけど。

小西　結婚したあと、武夫さんが、学生時代とか結婚以前のことについて何かお話しになっていたことってありますか。

三木　なんにも聞いてません。全然説明なし。
小西　結婚されて、最初に住まわれたのは、どちらですか。
三木　最初に住まったのは目白だったんですけど、これは大変豪華な家でございました。もっとも私の父が、政治家だから客が多いだろうからって応接間を一つ立派なのを建て増してくれましたけれども、もともとが材木屋さんの未亡人が材料にあかして建てたというので、すごく立派ないい家でした。
小西　そこを事務所にもされていたわけですね。
三木　事務所はどうしたんでしょうか。事務所というのは、きっと帝国ホテルを使っていたのかしら。
小西　家庭とは全く別個に持っていらっしゃったんですね。それはお金も大変ですよね。
三木　貧乏だというわりには贅沢な人でした。
小西　贅沢というのは、食べ物とか、着るものとか、そういったものに特に嗜好というのがあったんでしょうか。
三木　そうではないんですね。ただ、朝九時になると高級車が玄関へ着くんですね。三木はどうせねぼすけですからお昼ごろ起きてきて、もそもそしていて、出かけるのは午後三時とか四時とかになるんですけど、待たせてあるんです。「どうしてあそこに車がいるの」って聞いたら、「僕がいつ出るかわかんないから待たせてあるんだ」って言うから、「支払いなんかはどうしているの」とたずねたら、「ちゃんと払っている」と。ちゃんと払っているにしちゃ、あなたの給料は私の叔父と同じ金額だから、そんなに贅沢ができる範囲じゃないと思うとか、何とかかんとか言ったら、結局お金はないんですよ。

程なく新橋の何とか銀行の支店長というのから「三木先生はいらっしゃいますか」と電話がかかってきて、「ちょっと出かけていません」と言ったら、「お伝えいただけますか。もう手元にございませんからとおっしゃってください」って。どういう意味っていろいろ追及したら、もうお金がないからやたらと小切手を切るなという話だったんですね。私、実業家の娘ですから、空手形を出すというのがどんなことかというのはわかってますから、とんでもないと、すぐ小切手帳を破って始末をしたんですね。だけど、どうして肥料屋の息子がそういうことを知らなかったのか。使うだけ使っちゃったのか。だから自動車の毎日もね、ちゃんとした車に乗って出たかったみたいですね。

小西　美意識があるんですね。

三木　それを平気で贅沢をして……。たぶん、困ったらやっぱり郷里の父に払ってもらってたんでしょう。ひとりっ子ですからね。

小西　じゃ、肥料商のほうはずっと続いていたんですか。

三木　と思いますけれども、私が結婚してすぐ戦後になってましたから、どうなっていたんでしょうね。若いときに三木をアメリカまでやって勉強させたということは、いくらか田舎の人にし

結婚写真（1940年６月26日）

ては余裕があったんじゃないかと思うんですけれども、わかりません。ともかく贅沢な話だなと思っていたんです。

小西　肥料商というのも、造り酒屋とかと一緒で、あとから半年とか一年たたないとお金が入ってこないので、大変は大変な商売ですよね。

また結婚のときのお話に戻りたいんですけれども、結婚式はどこでされたんですか。

三木　東京會舘でございます。

小西　どれぐらいの人たちがいらっしゃったんですか。

三木　八〇〇人ぐらい呼んだと思います。

小西　すごいですねぇ。それは政財界の方。

三木　そうそう政財界の方ですね。だけど、三木さんのほうのお客様というのは三人でした。で、両親が来ないんです。

小西　それはまた何か理由があったんでしょうか。

三木　知らない。何か理由があったんでしょうね。やっぱり田舎のおじいさん、おばあさんが出てくるのを、ちょっと三木が気恥ずかしかったのか。さもなければ、そこまで世話がしきれないと思ったのか、よくわかりません。

小西　ご媒酌人はどなたですか。

三木　結城豊太郎さん。それは最初からわかっていたんです。結城さんにすすめられたから結婚したわけですから。

小西　当時、明大関係者とかは出席されたんでしょうか。

三木　それは別にやりましたね。あの近所に大きな中華料理屋がありまして、「こうらく」っていったかしら、そこで明大の関係の人とか、家の出入りの人たちとかというのを。

小西　日を改めてなんですね。

三木　はい。

小西　じゃ、いわゆる田舎で何日も宴会が続くような感じの雰囲気といいますか、そういう感じですか。

三木　そうでもないんでしょうけれども、ともかくしゃちほこばったのを早く済ませて、あとはよろしくやろうという話だったんだと思います。

当時の止宿人たち

小西　結婚される前から、書生といいますか、食客というか、学生がたくさん住んでいらっしゃったということですが、延べにすると相当の学生たちが、三木家に厄介になったわけですよね。

三木　はい。アメリカ国籍の子も何人かおりましたし、戦争が始まるころからずっとおりました学生、それから郷里の徳島から来たのは、それこそ最近まで出たり入ったりで。

小西　書生さんたちはいつぐらいまで三木家にいたんですか。

三木　家が焼けるまではいました。空襲で焼けてしまいましたので。

小西　戦後も、また始まりますよね。

三木　はい。戦後に、また家がちゃんとできて、ちゃんとできたわけじゃないんですけれども、帰ってきたらすぐにぞろぞろと。生活する場所もないし、三木さんが東京に帰ってきたといったら途端にまた集まって。

小西　それはいつごろぐらいまであったんでしょうか。

三木　戦争がすんで、雑司ヶ谷へ越してですから、じきですね。雑司ヶ谷というのは、家が焼けてしまったものですから、三木が寝るところもないと言っていたら、目白の駅員さん、切符きりのお兄ちゃんたちとか、おまわりさん、つまり特高警察だった人やなんか、そういうおまわりさんたちと鉄道の人が、寄ってたかって「この近所にいてくれ」と言うんですね。それで「僕たちが家を探しますから」って探してくれたのが雑司ヶ谷だったんです。ひどい家でしたけれども、ともかく六畳、四畳半、六畳、四畳半、六畳というふうにずらりと、いわゆる寮ですね。共産党の何とかという人が持っていた研修所みたいな。その方は信州へ引き揚げるからといって譲ってくだすったんです。だから部屋数はたくさんあったわけですね。そこへ何となく私たちが家を持ったって言ったら、途端にあっちゃこっちゃから、いつどうして集まったかわからない。

例えば海外から引き揚げて来る人ね。満州や何かから引き揚げてくる人も、顔も知らないような人が泊まり込むんですよね。びっくりしたのは、満鉄の重役さんだった人が来て泊まっているんですよ。その人は「私は、居候第一号」って言うわけですね（笑）。飲兵衛でしたから、三木の配給のお酒は全部彼が飲んじゃうわけですよ。三木家の居候第一号は、けっこう贅沢な暮らしをしていたような気がするんですけれども。でも、庭も掃くしいろいろ手伝うつもりなんだけど、庭ったって、ありゃしないんですよね。焼け出されのですから。その人どれぐらい養ったかな。何年もいたような気がする。三年ぐらいはいたんじゃないかしら。何というか、そういう関係のない人が入り込んできて何年もいるような家でした。

あとは引き揚げの人たちといったって、真っ白な洋服をすらっと着た人が、あんな洋服を着ていられるのに、どうして私たちのような暮らしのところへ……。娘の選挙で徳島へ帰ったら、その人まだいましたよ。「あなた、何にも言わないから、もう死んじゃったかと思ったわ」と言ったら、「お世話になりました」って（笑）。

小西　私の知っている先輩たちも、昭和三〇年代半ばぐらい学生時代で、三木家にずっとお世話になったというのがいます。それは徳島出身で、親父が「大学は明治しかない」というより、もともと「三木しかない」って。

三木　徳島から来る人は、普通のおうちの人は、京都、大阪なんですね。京大とか、同志社とか。ところが、ちょっと余裕のある方は子どもを東京まで出せるんですね。だから、家へ来ていらしたのは、親が相当資産家だったんじゃないのかしら。

小西　書生とか居候からは、食費みたいなものはもらっていたんですか。

三木　もらいませんでした。でも、出たり入ったりするたんびに、少々お米を担いできたり、お芋はよく持ってきましたね。それぐらいで、お金のやりとりは一度もなかったと思います。中には困っているというのもいましたから、それには少しお小遣いをやっていたようですけれども。

小西　武夫さんは、徳島に対する思いというのは相当強かったんですね。

三木　そうなんでしょうね。何年も徳島を離れて暮らしていたのに、思いはあったんでしょう。

小西　書生さんというか、食客の方というのは徳島の方が圧倒的に多いんでしょうか。

三木　ほとんどでしたね。アメリカの二世以外は。アメリカの二世の人を二、三人置いてましたけれども、それはアメリカと国交が絶えてしまったから、家で養わなきゃ食べていけなくなってしまう学生たち。言葉も自由でないと、どうしても生活ができないものですから、家へ転がり込んできていたということです。

　ちょっと余裕のある人が東京へ子どもを送り込んでくるわけです。だから、わりにのんきで、裕福に育った人がうちの学生さんなんですよ。ちっとも苦労に同情してくれない。当たり前というような顔をして、大威張りでうちにおりましたね（笑）。

小西　多いときは、どれくらいいらっしゃったんですか。

三木　何人ぐらいいたでしょうか。いつでも五、六人はいましたよ。

小西　基本的には、学生時代にいて、終われば出ていくというパターンですか。

三木　そういうことですね。

小西　食事は、芋を焼くとかも含めて、朝・夜は食べさせるということですか。

三木　ほとんど朝も昼も食べてましたね。お昼はお芋を二本とかお弁当をもたせて、新聞紙にくるんだお芋を。

小西　それを全部、睦子さんが料理されていたんですか。

三木　私がしたわけじゃないんです。

小西　中で学生たちがやったり。

三木　徳島から来ている女の人。つまり戦争のさなかは、遊ばせておくと女の子は徴用といって軍需工場で働かせなければいけなかった。ところが、三木さんのうちは軍需工場じゃないから安心だというので、ちょっとした家庭の親は、三木さんのところへ、三木さんのところへ、って女の子を送ってくるんです。

小西　なるほど。そちらの面倒もみなければいけないんですか。

三木　はい。でも、女の子たちは男の子と違っていろいろ働きますからね。うちが焼けちゃって、ぼやっとしていたら、田舎からお芋を背負って品川から歩いて目白まで来たというのがあったりしましてね。死体の上を歩いてきたんですよ、なんていうこともありましたね。どこもかしこも死体だらけで。

小西　戦後は、女の子たちは来なくて、男の学生だけですかね。その料理はどうしていたんですか。今度は学生たちがやるんですか。

三木　いや、やっぱり徳島から来ているいいところのお嬢さんが一人いてくれましてね。この人はとっても頭もいいし、何でもできた人なんですね。よく手伝ってくれました。私も責任を感じて、いい結婚をして、ご主人はこのほど亡くなりましたけど、東京に家を建ててましたものですから田舎に帰らずに。

小西　食べ盛りの子をたくさん抱えて。

三木　しかも、ほかに何があるかって、お芋しかないんですから、かわいそうに。

小西　もう一つお伺いしたいんですが、学生の中でそのあと政治家になったような方というのは、地元でもいらっしゃらないんですか。

三木　県会議員に何人かなりました。その後に三木が総理になったときに、いわゆる秘書的な役割をしていた人は、今、鳴門の市長をしております（吉田忠志氏　二〇〇九年、現職のまま没）。それはまだ居候がたくさんごじょごじょいたときとは違って、その後でございますから。

明治大学関係者との交流

小西　いま徳島関係の人の話を聞きましたが、明治の関係者の人たちの出入りとか。

三木　徳島から来た学生は全部明大へ預けました。

小西　結婚当時、武夫さんの知り合いということで明治関係の人たちの出入りというか、あるいは交流みたいなものはあったんでしょうか。

三木　しょっちゅう明大の人が出たり入ったりしてましたね。

小西　長尾新九郎（徳島市長）さん。

三木　長尾新九郎さんは明大の先輩で、三木の世話をよくしてくだすって、アメリカに行くときも一緒に連れていってくだすったり。長尾家というのは徳島では大財閥ですから。

小西　大学関係者で言えば、赤神良譲（明治大学教授）、横田秀雄（明治大学教授、同学長）とか、その人たちは……。

三木　赤神先生なんというのは、今の牛込の山の上に住んでいらっしゃいましてね。お寺じゃございませんでしたよ。赤神先生は普通のうち。お寺はどこか別にあったんでしょうか。たしか赤神先生自身もお坊さんだったわけでしょ。

小西　明大ではありませんが、田所多喜二（徳島県会議員）さんも有名ですね。

三木　それは長尾さんのご兄弟なんです。長尾新九郎さんというのは、田所家から長尾へ養子に来た人なんです。

小西　そういった方もよくいらっしゃっていたんですか。

三木　はい。田所さんという人は、体は小さい人でしたけれども非常に弁の立つ人で、胸がすくような演説をなさる人でした。

小西　三木武夫さんにとって明治大学ってどういう存在だったんでしょうかね。

三木　彼は、いずれは自分は明大で講義をしようと思うと。だから毎年、講義のノートを新しく、毎回新しいのを書いて、これは去年の分、今年はまた新しく書いたと言って。ところが、明大が雇いにきてくれなかったんですよ。とうとう死ぬまで。本人は、いつかは明大で「来てくれ」って言ってくれるだろうと思っていたらしいんだけど、とうとう一度もお誘いがなかった。第一、総理になってから、自分の母校で演説したいと思ったんですね。そしたら、早稲田と慶應は「ぜひ来て大獅子吼を聞きたい」なんて言ってくれるものだから、喜んで行ったんですけど、明大だけはダメだったんです。

小西　いや、ほんとに……。

三木　その後に、私も何か出版記念会をしようと思ったら、「明大の講堂を貸しますよ」とおっしゃってくださったものだから、「じゃ、お願いします」と言って、招待状もたくさん出して、出かけていったんですね。そしたら学生がバリケードして入れないから、急遽場所をと、ホテルニューオータニに引っ越しました。でも、まあ明大って、どうしてこんなに早技ができるのかと思うぐらい、サーッと新しい場所をつくってくれたんですね。私は、そのときは感激したんですけど。結局、三木は、あれほど明大、明大と言っていたのに、自分は総理になっても、一度も明大から受け入れてもらえなかったという。ずいぶん寂しかったろうと思います。

小西　亡くなられたときのお別れの会も結局流れてしまいましてね。

三木　ほかの学校は（学生運動が）みんな収まってしまったあとも、明大だけはね。とうとう明大の総長になる夢も捨ててしまったし、三木はかわいそうでしたよ。

家族のこと

小西　一九四一（昭和一六）年に、ご長女の紀世子さんがお生まれになります。その年に、武夫さんのほうも、睦子さんのほうも、お父様が亡くなられているということですが、非常に大変だったと思うんですけど、当時、徳島と東京の行き来は頻繁にされていたんですか。

三木　それがなかなか厄介なんですね。船で行けば神戸で一晩泊まるか、そこで船を待つかして、夜中に船が動くんですね。朝五時ころに徳島の港に着きますと、夜が明けるまでじっと待っていて、そうすると一時間か一時間半して汽車が動くものですから、その汽車に乗り込んでというようなことで、大変ややこしいんです。今なら、歩いてでも通れる。

小西　武夫さんのお父さんというのは、政治にある程度関心をお持ちだったんでしょうか。

三木　大変持っていたんだろうと、今、私が想像しますのにはね。というのは、（三木は）中学校へ入ってから、ときどき学生を集めて演説会でもないでしょうけれども、何かやっているんですね。それはみんな親の代からそういうことを教わってきていたのか何か。ともかく一人ぽっちのはずが、演台に上って大きな声を出すというようなことはやってたみたいです。

小西　肥料商をされていたということで、村のリーダー的な存在だったんでしょうかね。

三木　そうだと思います。というのは、徳島の実家へ夏休みに行っておりますと、夕方になると、大きな栴檀《せんだん》の木が庭先というか、店先にありまして、そこへ椅子を並べて、近所の人たちが話を聞きに来るんですね。父が世界情勢を語って聞かせるんですよ。ですから、けっこう父もおもしろがって、今、米国はどうしているとか何とかやっていたようでございます。

渡辺　そういう影響は、ひと一倍受ける立場にいたわけですね。

三木　そういうわけでしょうね。どっちが影響を受けたのか。ともかく三木がやりたいことを父は一生懸命サポートしてくれたんだと思います。

小西　娘さんが生まれたころの生活というのは、どういう状況でしたか。

三木　戦争で家が焼けるまで父が持っていた目白の家に住んだわけです。そこからしょっちゅう里へ帰ってというか、母が何かと呼びつけて、私のほうには舅も姑もいないものですから、気楽に出られるものですから、どこそこに何をしに行くからちょっとおいでと言われて、よく手伝いに行っておりました。

小西　武夫さんというのは、子煩悩なほうですか。

三木　ええ、ええ、ええ。だってほかに親戚も何もない人ですから、生まれた子どもは、もう愛おしくて、愛おしくてという感じでしたね。すっごい子煩悩でした。もっとも、私の里の連中もみんな、やたらと子煩悩が多くて、私の兄なんぞ、会社をこそっと抜け出してきて、赤ん坊にお風呂をつかわせて、「お兄ちゃんに内緒」って、社長に内緒にしておいてくれって（笑）。長女が生まれたときは、三木が小躍りして喜んで、どこへでも連れて行きたがったのは、わからないでもないんですよね。私の兄弟もそうでしたから。

竹内　紀世子さんのお名前は、武夫さんがおつけになられたんですか。

三木　はい。「世紀の子」という意味ですよ。同じ日に生まれた井出一太郎（衆議院議員。三木内閣の官房長官等歴任）先生のお嬢さんも、やっぱり「世紀の子」で、世紀子《せきこ》さんというんです。井出世紀子さん、うちのが三木紀世子です。大変な日だったんだと思います。

竹内　ドイツとソ連が開戦した日ですね。

三木　なんかそんな日なんですね。

二　日米開戦・戦時期の三木

一九四一（昭和一六）年一二月の日米開戦前後から一気に戦時色が強まる。戦争の開始を予感した一九四〇（昭和一五）年初頭から新体制運動の貫徹が叫ばれるようになり、同年七月に組織された第二次近衛内閣下、解党を余儀なくされた政党人を含む全政治勢力を網羅した大政翼賛会が組織されることとなった。議会人を巻き込んだ大政翼賛会自体は不調に終わるが、衆議院議員の大部分を包摂した院内交渉団体である翼賛議員同盟がつくられ、三木もそこに所属した。

こうした動きは議会人の活動を著しく抑圧した。閣僚の戦況報告に対する質疑や、国務大臣演説に対する代表質問を取りやめる慣例が生じ、三木も議会での質問の機会に恵まれなくなってきた。一九四二（昭和一七）年四月に実施された衆議院選挙は、その際に設置された翼賛政治体制協議会によって推薦候補者の銓衡が行われた、実質上の官製選挙であった。三木は同協議会の推薦を受けることができず、非推薦の身で選挙を戦わねばならなかった。非推薦の三木に対しては、徹底的な選挙妨害が行われたという。

選挙期間中三木はその不利を乗り越えるため、選挙区内をくまなく回り、選挙民の支持を受けようとした。その結果、全国の推薦候補者四六六名中当選者が三八一名（当選率八一・七％）、非推薦候補者六一三名中当選者がわずか八五名（同一八・三％）という激戦をくぐりぬけ、三木はからくも当選を果たすこととなった。当選後の三木は物資の欠乏する地元からの陳情に対応した。それとともに、数少ない国会での質問の機会を捉えて、政府当局者から戦争に対する厭戦的空気を含んだ答弁を引き出してもいた。

（村松玄太）

日米開戦

小西　武夫さんが日米不戦ということを言われます。不戦と唱えられたきっかけは、もちろん留学の経験ということはあるんでしょうが、そのほか思い当たる節はございますでしょうか。

三木　いまの総理大臣（インタビュー当時は安倍晋三氏）のおじい様も不戦を唱えられた。安倍寛（衆議院議員）さんという人ですけど、なかなかの人でございました。やせてすらりと背が高くてスマートな方だったんです。安倍総理がその方のことを知らないにしても、自分は安倍家の跡取りではないみたいな顔していらっしゃるのは、私は不満でしょうがないんですけれど。

安倍さんという方も立派な方でございまして、日米戦うべからずということで、日本じゅうを走り回って演説して歩いていたんですね。そして演説を終えて、こそっと入ってきて、「ああ、腹が減った」というようなことで、三木も同じにずいぶん一生懸命、戦争を起こさないように二人とも努力したんですけれども、たった二人の力ではどうにもなりません。相手は軍というのが付いておりましたから、どうにもなりませんでした。

矢野　つかぬことをうかがいますが、お子さんは母乳でお育てになったんですか。

三木　はい。母乳以外のものが手に入らない時期でございましたから。ただ、二番目の子が生まれたのは戦争さなかでしたから、親子別れ別れになるかもしれないという危惧があったものですから、早く母乳をやめて、ヤギのお乳か何かで。でも、ヤギのお乳を飲ませると、赤ん坊が臭いんです。最後は、戦争が済んで疎開先から帰ってくるときに、そのヤギを一頭連れて戻ってきましてね。麹町に家があったんですが、土手が松並木でございました。松しか植わってなくて、後から桜を植えたんですけれども、松がヒョロヒョロとあって、そこにつないで一日一回、その次はこれっていうふうにつないで、周りの草を食べさせてというようなことをしておりました。真ん中の子は、もしかして離れ離れになるかもしれないということを想定して。でも、離れ離れにならずにすみましたけどね。

非推薦立候補をめぐって

小西　一九四二（昭和一七）年に翼賛選挙で非推薦ということで三木さんが立たれる。そういったときに、印象に残っていることはありますか。

三木　非推薦という烙印を押されますと、警察の特高だとか、軍の何かだとかいうのが見回りにくるんですね。しょっちゅう家の周りをぐるぐる歩いているんです。だから、「日米戦うべからず」なんて言って大きな声で演説すると、帰ってくると捕まるものですから、道を変えて遠くを回って帰ってきたり。そのうちに、だんだんそういう人たちと仲良くなっちゃうんですね。三木が一生懸命説くものだから、先生のご意見ご無理ごもっともみたいなことになって。昼間でも、よく警察の人やら、軍のそういう役の人なんかが来てましたから、私は、「ご馳走ないのよ」と言いながら連れ込んでお茶にしたり。

小西　選挙のときは、武夫さんは徳島には。

三木　一人で行きました。そのころは女は選挙権がありませんでしたから。
小西　そのときは東京に睦子さんはいらっしゃったわけですよね。
三木　結局は、応援弁士を、誰を応援に行ってもらうかなというので一生懸命私も働いておりましたけどね。女が行っても役に立たないということで。
小西　応援弁士を、例えばどんな方にお願いされましたか。
三木　よく覚えていないんですけど、例えば兄や父の会社に、父はそのときは亡くなっていましたけど、会社に軍から派遣されている将校がいたんですね。そういう人たちが間々に三木とお話をしたり何かしているうちに、三木の思想にかぶれちゃって、それで海軍の少佐ぐらいの方でしょうか、選挙の応援に行ってくださったり、何人か兄のところの監督官という人たちが手伝ってくださすって。
渡辺　こういうときに明治大学の雄弁部とか、あるいは徳島のほうの校友会は、働かなかったんでしょうか。
三木　やっぱり働いてくれていたんですけど、内緒でコソコソっと集まってはいろいろやってもらってました。公然とやると、そちらに迷惑がかかるものですから。
小西　選挙のとき、武夫さんのほうから東京のほうにはよく連絡があったんですか。
三木　はい。
小西　今こういう情勢だという話ですかね。

三木　そうしないと、私も応援弁士を送る都合もありますものですから。
小西　軍の人が応援しているというのは、非常に驚きですね。
渡辺　おもしろい話というか、いい話というか。
三木　兄の会社へ監督将校として来ていらした軍人さんなんていうのは、普通の指揮棒を振るって行け行けという兵隊さんとは質が違いますね。機械のことなどもよくわかって、こういうふうにしなければとか、この材料だったらこういうものができるのじゃないかとか、ずいぶんいろいろ生産に対する考え方があるものですから、いわゆる職業軍人とは感じが違うんですね。ですから不思議なことに、監督官の人たちが、兄の会社でいかめしい監督をしないで、三木と一緒に選挙の応援に行ってくださったり。
　そういう意味で、一方では軍人さんにも助けてもらっていたんですけれども、本当の職業軍人は悔しい思いをしていらしたと思うんですね。自分たちよりも偉い肩章を付けた方が三木の味方になってしまうものですから。
小西　当時、武夫さんは、東條英機とか、そういった政府に対して何か特別の発言みたいなことをご家庭でされていたことあるんですか。
三木　家庭ではいたしませんけど、それを売り物にして演説会に回っていましたから。演説会がはねると、それこそ、こそこそと逃げなければならないような。
小西　さっき安倍さんの話が出ましたが、安倍さん以外にも非推薦組の人たちとの交流といいますか、連絡みたいなものも頻繁にあったんですか。

三木　そうだと思います。

竹内　武夫さんが非推薦となった理由ですね。当時、非推薦が決定してから、武夫さんに対して、こういう理由であなたは非推薦ですという通達か何かあったんでしょうか。

三木　それはなかったと思います。最初からあきらめかけてましたけどね。

小西　それは、ある意味では当然のこととして受け取っていらっしゃったんですね。

三木　日ごろから、耳に痛いことばかり言っていたから当然だと思いますけど。

小西　そのとき武夫さんが一番有力だったと思うんですが、その他の候補者について何かご存じのことはありますか。

三木　もうみんな忘れてしまいましたね。ただ、何とおっしゃる方だったかしら、非常に弁の立つ方で、「三木はアメリカで勉強してきて国賊だ」ということを上手に、演説会でおっしゃってましたね。みんな郷里に帰って演説したら、ともかく三木を攻撃すれば当選できるからという感じで。大変にぎやかでしたよ。私は子どもがいたものですから、選挙区へあまり行かなかったんです。でも、話が聞こえてくると、まあしつこくよくやってくれるなと。

小西　当時の選挙事務長は桜木千秋さんという方なんでしょうかね。選挙後、まもなく亡くなられていますが。

三木　この方は中等学校が同級生でした。徳島商業です。桜木千秋さんという方は、徳島市内の人でした。桜木家という大きな、今で言えば百貨店というのでしょうか、徳島市内に何軒もお店を持つような大きな百貨店のご主人に養子になって行かれたんですね。奥様がそこのお嬢様で、千秋さんは養子だったんです。非常に人のいい方だったものですから、みんなからも好かれていたんでしょうけれども、選挙が済んで直に亡くなられました。桜木さん自身は亡くなられても、奥様はついこのごろまでお元気で。

三木が学校へ行く時代は、最初の欧州大戦の後の、景気が良くて、商家なんていうのはすごくいい、華やかな時代だったんです。徳商というのは優秀な学校だということでもありましたし、徳島県の人は、あまり外へも出ていかないで、徳島の中でいろいろ商売をして暮らすという方が多かったものですから、徳商の卒業生というのはみんなのあこがれの的みたいな。成績も良かったみたいでしたけれども、三木武夫がその中に入るのかどうかわかりませんけれども。

渡辺　長尾さんも、選挙区ではないけれども応援という形で。

三木　はい。長尾家は一家あげて応援してくだすったんです。

小西　小原国芳さんも。

三木　玉川学園の学長。

小西　やっぱり選挙のお手伝い等をされたんですか。

三木　そうですね。弁の立つ方で、母や兄が「先生、行ってくださる」と言うと、簡単に引き受けてくださる方でしたから。

小西　もちろん地元もそうですが、東京からかなり応援弁士が。

三木　地元からはあまり頼めませんでしたね。難しい情勢だったものですから。

小西　対立候補がほとんど三木さんばっかりの選挙ですよね。

三木　そうなんです。わざわざ三木姓の人を探し出してきて。でも、そのうち三木与吉郎（衆議院・参議院議員）さんという方は当選してますね。徳島では大財閥です。

竹内　非推薦となった段階で、武夫さんは落選するかもしれないという思いはなかったんでしょうか。

三木　そうは思ってなかったと思いますよ。わりに鼻っ柱の強い人間ですから。こっちはひやひや心配していても、彼はけろっとしていたですね。「心配したわよ」と言うと、「誰のこと？」なんて（笑）。

小西　当選されたあとは、お祝いみたいなものは大々的でもなかったんですか。

三木　お祝いなんか大々的にやれるような状態じゃありませんでしたね。周りじゅうがうるさいし。

小西　当選の第一報は、睦子さんはご自宅で？

三木　私は、どこで聞いたか、ともかく子どもを連れて大阪まで迎えに行きました。

小西　睦子さんとしては、非常に嬉しい……。

三木　そりゃあそうですよ。落選したら職業が何もなくなるわけですから。

戦時体制下の議員生活

小西　当選後の話をお聞きしたいんですけれども、非推薦で当選されて、そのあとの政治活動について、何か印象に残っていることってありますでしょうか。戦争中ということなんですが。

三木　べつに非推薦で当選したからといって、差別されるようなことはございませんでしたから、けっこう大きな顔をして国会生活をやっていたと思います。次の国会も四年やった……。前は五年やったと思いますけどね。一年延ばしたんじゃなかったかと思うんです。その次も、まるまる四年やったんじゃないかしら。途中で解散すると、またややこしいものですから、解散せずにやったような気がいたしますけれども。

小西　当時、商工委員とか、そのあと名前を変えて軍需委員とかをされていますが、それはもともと武夫さんに関心があったんでしょうか。

三木　ではなくてね、何をやりたいと言ったかな。彼自身は、何か委員会の希望があったのに、それは拒否されて、商工委員会なんていうのに入ったんだと思います。でも、役人たちともうまいことやっていたと思いますね。

小西　そのころも、先ほどの安倍さんとか、赤城宗徳（衆議院議員。農林大臣・内閣官房長官・防衛庁長官等歴任）さんとか、そういった方々と……。

三木　赤城さんなんかも一緒でしたね。

小西　かなり交流はあったんですか。

三木　はい。
小西　そのころも三木家にいらっしゃったりということは、例えば安倍さんがよくいらっしゃったんですか。
三木　安倍さんは、じきお亡くなりになりましてね。たしか安倍さんは五〇ぐらいで亡くなられたと思いますから、選挙が済んでホッとする暇もなく亡くなられたと思います。
竹内　赤城さんとは、昭和一二年に当選した者同士で、その当時から仲良かったんですか。
三木　そうですね。何か会をつくっていたんじゃないかと思います。
竹内　赤城さんの回想によると、戦争末期に金光庸夫（衆議院議員。拓務大臣・厚生大臣等歴任）ですとか、松永東（衆議院議員。衆議院議長）とか、松村謙三（衆議院議員。農林大臣・文部大臣等歴任）などと研究会をやっていたというのですが、これはどういう研究会がご存じでしょうか。
三木　戦後アメリカへ行ってアメリカ人の奥さんになった人ですけども、恰幅のいい婦人が会の事務を手伝ってくれて。それでその方たちが集まっちゃ、赤城さんやら、三木みたいに貧乏人は、ただご馳走になるばっかりだったとは思いますけれども、資本家が付いていて会を主宰していらした。つまり、秘書業なんかをしていたお嬢さんなんかにもお小遣いを出していた実業家の方がいるんです。やっぱり国会議員で。その方がいろいろ費用はお出しになって、三木がいつでも背広ばかり着ているものですから、そのころカーキ色の国民服というんですか、着たほうがいいといって、わざわざ洋服屋をよこしてつくってくだすったり、みんなのスポンサーだったんです。

竹内　時局について何か研究をされるというよりは……。

三木　集まって時局の話をしてはいたんですけれど、費用はその方が全部一人で支払ってくださったんだと思うんですよ。何とおっしゃったか、名前が出てこない。

小西　朝は弱いというのは前回お話をお聞きしましたが、やはり昼ぐらいに出ていかれて。

三木　国会というのは、参議院は朝からやっていましたけど、衆議院は午後一時からですから。

小西　武夫さんは、昼近くに出ていかれてというのが、ずっとこの時代も同じですか。

三木　そうそう。

敗戦前後・疎開経験

小西　戦争が激しくなってきて、一九四五（昭和二〇）年になりますと、秩父のほうに疎開されますね。

三木　家が焼けたものですから、仕方なしに秩父へ。焼ける前に家を建てておいてくれたんだと思うんです。頼って行った先が土建屋さんで、勝手に一五坪と決まりの家を建てておいてくれたんですね。そこへ、ただ体だけ引っ越していけばいいようになっておりました。浅見組というのですけど、それは昭和電工の川崎の工場や何かで土建屋をやっていたんですね。それで手広くやっていたものですから、秩父の山奥へ来い来いと言ってくれたんだと思います。私は会ったことないからわからなかったんですけれども、家を建てておいてくれて、焼け出されたその日に子どもを背負って行きました。

戦争中ってこんなこともかと後で驚くんですけれども、負《お》ぶい半纏も何もないんですね。そしたら、三木の持っていた丹前が長いんですよね。それを背中から赤ん坊に着せて、そして小さいのを手を引いて、太田の呑竜さんといって、あそこに飛行機の工場があったので、そこへ行くトラックに乗せてもらって秩父まで行って。秩父で積荷から降ろされて、またどこか山奥へ行く車を探してというようなことで、ようやくたどり着いて、子どもをそこで降ろしたら、三木は翌日の朝、日が昇るとすぐに、商工委員をしていたのか何かで、役所へ行かなければならなかったので、毎日毎日、夜中に帰ってきては、朝早く出かけていきました。

秩父のところには、昭和電工の工場がありまして、工場長も親しい人だったものですから、何とか大きな傘の下で。

小西　疎開されたのは、影森村というのですね。

三木　そうそう、影森村というんですね。そこに昭和電工の工場もありました。

小西　そこに一五坪で建ててあったんですか。

三木　はい。ちゃんと規格型をきちんと建ててくれてました。影森村というのは、日影の村の影森。だから朝一〇時ごろに日が昇ってきて、夕方三時というと陰ってしまう。山間の村でしたけど、そんなところでなきゃ工場もやっていけなかったんでしょうね。小さな工場があって。

小西　空襲で焼けてすぐ行かれたんですね。

三木　そうなんです。もうその日から泊まるところがないものですから。

小西　戦争が激しくなってきて、下町のほうはずっと焼かれたりしてます。そういうのを聞きながら、自分の心の中では、そろそろ疎開しなきゃという思いは。

三木　疎開は三木が計画しててくれましたから、家を建てるまでは、秋田へ行くか、どこへ行くかなんていろいろ考えていたみたいでしたけれども、ともかく家が建っているから、そこへ行こうというので。家が焼けたのは五月の二〇幾日です。

小西　二五日ですかね、目白の空襲は。二五日のその日に行かれたということですね。

三木　はい。その日、ちょうどたまたまうちの女の子たちが徳島へ行っていたのが帰ってきたんですね。品川から汽車を降ろされて、歩いてきたというんですが、途中が死骸だらけだったというんですよ。歩けども、歩けども、死骸の山のところを分け分けして、目白まで歩いてたどり着いたんです。

小西　七月初めに紀世子さんが徳島に疎開されますね。手元に置いておこうというのではなかったんですか。

三木　そのとき親子四人でございました。誰か一人は命長らえて跡をやらせたいというので長女を、生き残れるかどうかわからないけど、生き残るほうに賭けたわけですね。私たちは、どうせ東京と運命を共にして、いつ死んじゃうかわからないからというので、ともかく生き残るほうに紀世子を置きにいこうというので。

小西　紀世子さんは、徳島の武夫さんのご実家、おばあちゃまのところになりますね。

三木　はい。ついていってくれた人が、徳島じゃなくて鳴門ですけれども、大きなお屋敷のお嬢さんだったんですよ。そのころ年ごろの女の子はみんな徴用といって工場へ派遣されますでしょ。それがこわいから、ずいぶん女の子が大勢、三木先生のところ、三木先生のところって、私のところにいさえすれば徴用されないというので、何人も来ていたんです。そのうちの鳴門の製塩業、鳴門では塩をつくっておりました。

小西　七月初旬に紀世子さんが疎開されて、八月一五日まで間もないんですが、終戦の日が近くなってくるに従って、武夫さんは、何か見通しみたいなものを言っていらっしゃいましたか。

三木　言いませんでしたけれども、言わなくてもわかってましたね。戦争の終わる直前に「僕に蚊帳を一張りくれ」って。家が焼けちゃっているんですから、外に蚊帳をつって寝ようかぐらいのことしかできないわけです。しかも、夏でしたから、布団がなくたって平気でしょうから、蚊帳を一張り持って東京へ出ていったんですけれども、結局のところ、そんなに離れていないで、直にまた帰ってきて、秩父と東京を通ってました。

やっぱり自分の命も心配だし、子どものことも心配だしで、毎晩夜中でも帰ってきてました。そして朝早くまた出かけていって。

竹内　紀世子さんが徳島に疎開されてから、お荷物を送られたと。それは徳島のお知り合いのところに置いておいたら焼けたということですが。

三木　はい。それは三木が自分の書類やら何やら、三木自身のものを送ったんですね。私は何も送りませんでしたけれども、そこの家は焼けてしまって。立派なお蔵のあるお家でしたけれども、みんな焼けてしまったんですよ。三木は、せっかく疎開したのに、なんて言ってましたけど、世の中の人がみんなモノを失う時期だったから仕方がなかったんだと思います。

三木の書類や何かは、支援者の柏原大五郎（徳島商工会議所会頭）さんというお家の倉庫へ宛てて送ったんですけど、柏原家が全部焼けちゃったので、倉庫も一緒に焼けたんだと思います。

竹内　国会議員としての活動をされていた関係の書類ですか。

三木　そうなんです。それは大事な書類だったと思います。でも、戦争が済んでみたら、何があってもしようがなかった。

竹内　子煩悩の武夫さんが、紀世子さんをお送りするという前の日の状況というのはどうでしたか。

三木　田舎の五右衛門風呂に紀世子を入れてね。そして、「お父さんとお母さんは東京に帰るけども、紀世子は待っていられるかね」ってきいたら、「紀世子、待ってる」って言うんですね。そしたら、父親のほうがポロポロッと涙こぼしちゃって。まあ、みっともないと思いながらも、でもやっぱり本音だったんでしょうね。置いてくるのに忍びなかったんだと思います。ともかく置いてきたら、それだけでも気が軽くなったんですよ、私たちは。それが七月の四日でしたから、それから月を越したらすぐ終戦ですから。

竹内　武夫さんは、途中まで送られたんですか。

三木　いえ、家まで送っていって、一緒に帰ってきたんです。私たちは、そのまんま徳島まで、どういうふうにして行ったんでしょうかね。忘れてしまいましたけど、汽車に乗って行ったんでしょうね。

小西　紀世子さんを徳島に送って、三人で秩父へ戻っていらっしゃったということですね。

三木　はい。

三　敗戦と戦後第一回総選挙

一九四五（昭和二〇）年、三木は戦火を避けるため家族を埼玉県秩父へ疎開させる。敗戦後、議員を辞めることで政治家としての責任をとろうと漏らした三木に、睦子氏は「欧米を知るあなたこそがこれから必要とされる」と励ました。一家は九月には東京に戻り、豊島区雑司ヶ谷の元共産党研修所だったという「長屋」に多くの止宿人とともに暮らす。二〇人前後が絶えず出入りする生活で睦子氏は食糧の確保に奔走する。

新しい政党を結成しようとする機運が満ちていたこの時期に、三木は徳島選出の四宮久吉を通じ自由党への参加を勧められた。重ねて、睦子氏が交流を持っていた「鳩山のおば様（一郎の妻の薫子）」を通しての強い勧めもあった。しかし、三木は一九四六（昭和二一）年三月の戦後第一回の選挙（第二二回総選挙）を無所属でたたかう。この時はGHQからの資格審査結果の通知が遅れたため、選挙の初動が遅れた。それでも三木は「初めて女性が参政権を得た」この選挙で、明治大学女子専門部の学生四人に応援演説をさせる等の独自の作戦を立てた。結果はトップ当選であった（この選挙から徳島県は全県一選挙区となっていた）。

選挙後の五月、三木は協同民主党（委員長・山本実彦、書記長・井川忠雄）に参加し、常任中央委員となる。協同民主党の前身は一九四五年一二月結成の日本協同党で、元農商大臣の千石興太郎や、後に自由民主党の有力政治家となった赤城宗徳・船田中らが参加していた。しかし彼らの多くは戦前の翼賛議員であったことを理由に四六年一月、GHQにより公職追放された。残った井川忠雄を中心につくられたのが協同民主党であった。綱領には「勤労、自主、相愛を基調とする協同主義」によって民主的平和日本を建設することが掲げられていた。

（矢野雅子）

敗戦

小西　八月一五日の敗戦、終戦のときのお話をお聞きしたいのですが、終戦はラジオでお聞きになったんですか。それとも武夫さんのほうは、前日ぐらいから。

三木　武夫のほうは、早くから知っていたと思います。四、五日前から、その覚悟でいろいろ画策していたんだと思いますけど、言いませんでしたからね。

小西　終戦の直後ですと、武夫さんが東京で何をされていたかは、ご存知ではありませんか。

三木　わかりませんけれども、布団はなくても夜は蚊に刺されずにいたんでしょう。私たちも、家はあっても中身はね。着るものも何もなかったんですけども、ともかく家だけ建ててくれてましたから、雨風は防げて。

再上京

小西　戦争が終わって再上京といいますか、お子さんを連れて東京へ秩父から出ていらっしゃったのは、いつごろになりますか。

三木　すぐでしたね。九月一〇日過ぎには出てきたと思います。何しろモノがないんですから、体だけ出てくればいいので。

小西　八月一五日が過ぎて、すぐですね。最初に落ち着かれたのは雑司ヶ谷になるんですか、それともどこかへ。

三木　ともかく家がなかったんですが、母のところへは行かなかったと思います。母のところは、やけに大きな家でしたけれども、焼け出されがいっぱい入り込んでいましたから。何しろ今国会に出ている甥（森英介・衆議院議員）は、大広間の床の間で生まれたとか言って（笑）。ここへ引っ越してきているんです。「僕、ここで生まれたんだよ」なんて言ってましたけど。そんなことでございますから、私たちは、どこへ帰ってきたんだろうか。

ともかく雑司ヶ谷に元共産党の方が住んでいて、研修所みたいにして大勢学生さんや何かを集めて勉強させていたところがありましてね。それを三木さんなら譲るとおっしゃって譲ってくだすったんです。それは、六畳、四畳半、六畳、四畳半、六畳、四畳半というふうにズラーッと、つまり学生さんたちの集合住宅みたいなものでございましたから、私たちにはもっけの幸いで、そこへ移ってきたら、まあ、あっちやこっちやから、どこから集まってくるのか、いろんな人が来ましてね。ともかくどこからか帰ってくると、周りに家がないから、みんな三木さんのところへ集まっちゃうんですね。ひとの家へ居候に来て、お酒まで飲んじゃって。私は、まだほんとに純真だったんですね。ただただ目を丸くして驚いているばっかりでした。

小西　雑司ヶ谷の元共産党の家というのは、どのへんにあったんですか。

三木　このあいだ行ってみたら、そこの跡は見えませんでしたけど、雑司ヶ谷の墓地がありますでしょ。墓地のところに細い道がありまして、花屋があったり何かして、細い道があって、自動車は通らないんですけど、ここに元農林大臣の千石興太郎（産業中央組合会頭。農林大臣等歴任）

さんが住んでいて、奥に浜口雄幸（首相）さん。こんな細い道なんですよ。車が入らないそんなところに、千石さんの家だの浜口さんの家だの、お偉い方の家があったんですね。千石興太郎さんはまだそこに住んでいらしたものですから、三木に、千石さんがいらっしゃると言ったら、いろいろご意見を承ろうとときどきそこへ行ってお話をうかがってました。三木は協同党をやろうとしてましたから。

あちらは農村協同、三木は農村だけでなくて、もっと広い意味の協同主義で、例えば秋葉原の電気街なんていうのも、三木の協同主義の成果だったんですね。地べたへむしろを敷いてモノを商っていたのを、雨が降ったら逃げなければいけないし、かわいそうだからといって、雄弁部の後輩である山本長蔵（東京ラジオデパート社長。中央大学卒）さんなんかと協力して、電車のガーいう下へ入れてあげたら、それでも雨の日も風の日もこうやって仕事ができますっていってね。一〇年ぐらい経ってからですかね、ちゃんとまともに商売ができるようになりましたから。今は、何代も代が替わって忘れてしまって、私が行っても、誰も知った人は一人もいないんですけれども、秋葉原の電気街というのは、三木のおかげでできたんです。あれだけじゃなくて、新宿にもちょっとしたビルをあれして。もう一つ神田で大きな倉庫がありましてね。れんが造りの立派な倉庫があったんですね。そこを空けてもらって、モノを売ったりしたんですけど。秋葉原だけはいまだに残ってますね。

小西　持ち主もだいぶ替わったでしょうし。

三木　みんな替わってしまってますからね。

小西　雑司ヶ谷の家にはかなり長くいらっしゃったんですか。

三木　そうでもないですね。次の四月の選挙のときまでで、選挙のときに全部荷物を中野の私の兄嫁の家へね。兄が奈良県か何かで復員して、東京へ出てこれなかったものですから、私の母が、お兄ちゃんが帰ってこれないんだから、早くあそこの家、何とかしてあげてよって言ってきたんですね。どうせ私たちも住むところはないのだから、じゃ、私たちが買いましょうって。とても立派な家だったんですよ。兄嫁のおじい様か何かが建てた家だったと思います。そこへ越すつもりで荷物を全部運んで、選挙があるからひと月どうせ入れないから行ってくると言って、荷物を運んだまんま行っちゃったんです。そしたら、接収されたんです。それで荷物をまた全部引き取ってきたんですけど、それは雑司ヶ谷を売ってしまっていたものですから、ともかく荷物だけ倉庫みたいなところへ預けたんですね。私も、中を見もしないで。選挙の留守に。中野はすごく立派な家で、大きな屋敷があって、その隣に控え家があって、そこは学生たちを収容するのにちょうどよかったんですけど、接収というのは、待ったなしでね。

村松　いまのお話ですと、お兄様の曉（衆議院議員。昭和電工社長）さんですとか、清（衆議院議員。総務長官）さんの奥様の……。

三木　清夫人の里ですね。この人だけが、今生きています。全部亡くなりました。兄も、姉も。清夫人というのは私と同い年で、二人とも命長らえて元気なんですよ。二人とも元気なんです。

小西　接収に対して補償金みたいなものってあったんですか。
三木　なんにもですよ。ある日、軍人さんがドカドカッと入ってきて接収するといったら、それっきり。
小西　その家は既にお買いになっていたわけですよね。すごい痛手ですね。荷物を倉庫に預けられて、また家探しをそのあとされて、どこに落ち着かれたんですか。
三木　名前が出てこないんですが、国道二四六の崖っぷちの上でしたけどね。
竹内　初台ですか。
三木　初台です。昔のことで私は忘れちゃったんですけど、初台で二、三回引っ越したんです。娘が小さいときのことで、忘れられないらしくてね。
小西　初台の中で？
三木　あっちの家のほうが大きくてよかったわねとか、小さい娘が言うんです。最後に引っ越した家は、通りのちょっと高台にある家で、日当たりはいいし、家は小さかったんですけれども、住みやすうございました。

戦後第一回総選挙

小西　戦後の第一回目の選挙のときですが、武夫さんは無所属で立候補されております。これは何か思いがあったんでしょうか。

三木　自分の属する政党が見つからなかったんでしょう。

小西　自由党からかなり熱心な誘いがあったというふうに聞きますが。

三木　はい。それは、私は里が鳩山家の親戚みたいなもので、鳩山さん、鳩山さんって、やたらと言ってました。私なんぞ、子どものころ振り袖を着ると「鳩山のおじちゃまに見せに行こう」なんて、あの坂を上がって、お振り袖を見せたりしていたんです。

小西　森曉さんが自由党に所属されるというのは、やはり森家と鳩山家との関係ですか。

三木　そうです。

小西　そういう関係からでも、武夫さんに話はなかったんですかね。

三木　あったんですけれども、頑固な人ですから、そう簡単に動かなかったと思います。鳩山さんのほうでも、私の夫ですから、ずいぶん何回もお使いをよこして、一緒にやろうとおっしゃってくだすったんです。最後のときは、鳩山のおばさまが私を訪ねてきて、三木さんと一緒になったら都合がいいんだということをおっしゃってくだすったんですけど、とうとう意地を張ったというのか何か、ともかく三木はそのつもりがなかったものですから。でも、いずれ何年か経って一緒になったわけですけれども。

小西　第一回目の選挙で女性の参政権ができますが、睦子さんは、第一回目の選挙には、どういった関わり方をされたんでしょうか。

三木　そうですね。戦争が済んだら、女も参政できたので行きました。何もないところから何とかいうお野菜だけ、朝から晩まで、フダンソウみたいなものですね。おみおつけも、お漬け物も、煮物も、みんな同じ菜っ葉でみんなにご飯を食べさせてというので、最初の選挙は、ほんとに台所で言うと哀れっぽい選挙だったんです。

初めて全県一区になったものですから、選挙区が広いでしょ。だから、きょうは出かけていったらどこそこ泊まり、あしたはどこそこ。そうすると、帰ってきたら、もうシラミだらけで、みんな脱がせて熱湯の中につけてというような、ひどい選挙をしました。徳島に自動車なんかないものですから、うちの自動車を徳島まで運んで選挙に。

小西　唯一自動車で回られた候補でしょうね。睦子さんは、台所というか。

三木　そうですね、もっぱら台所です。

小西　そういった中でも、事務所にいろんな人の出入りがあったと思うんですが、手応えというか、ありましたか。

三木　最初から、これは当選と思いましたね。何しろ相手が弱いというのか（笑）。候補者が推薦を受けられないで辞めていく人もいたんじゃなかったかな。

竹内　公職追放になったんじゃないですか。

三木　それもあったと思います。追放にならなかったものですからね。あとで市長になった長尾さんも一緒に立候補したんです。一緒というか、先に早くから支度して立候補していらしたんですけど、結局、あとからのこのこ行った三木のほうが強かったですね。長尾さんは落ちたんだと思います。

小西　そのときに資格審査の許可証が公示後二週間出なかったということですが。

三木　出なかったんじゃなくて、あとで自分で行って探してみたら、下のほうにあったって。それは三重県の方と一緒になって下のほうにあったと言ってましたね。

小西　当時、選挙費用がだいぶ不足したという話も聞きますが、それは特に感じられなかったですか。

三木　ねんじゅう不足してましたから。

小西　金融緊急措置令でお金が自由に使えないということで。

三木　そうそう。新円切り替えでね。お金を使わなくても、みんな応援してくれたから、何とかなったんでしょうね。

小西　そのときは明治大学の女子専門学校の学生たちも応援に行ったり。

三木　そうそう、女の子たちが三人。

小西　このとき森家で、暁さんは立候補されてますけど。

三木　千葉県のほうはちっとも心配してませんでした。そういう長い間の地盤がありましたから。だけども、あの人は演説もできないし、どうしようもない人だったので、まず原稿を三木が全部書いて渡して、こういうふうに、ここで力を入れる、ここでどうするって教えて、それでもたどたどしかったんですけど、ともかくそれでやったんです。そしたら、兄の演説を放送で聞いた徳島の方が、関東で三木先生と同じ演説をしている人がいたって（笑）。それは原稿が同じだから。

兄が立候補したのは、天皇陛下の御臨幸というのがあって、初めていらしたのが昭和電工の川崎の工場だったんです。それで、大変ここの肥料に期待しているんだということを陛下がご自分でおっしゃったというので、それで兄はものすごく感激しちゃって、自分も立候補すると。なぜ立候補するかというと、肥料をつくるのに空中にあるチッソでですから、簡単なようなんですけれども、抽出するのに非常にお金がかかるんですって。材料はただなのに。

そんなふうで、兄はともかく硫安をつくるために一回だけ立候補して、そのための一五億というお金を約束できたんですけども、それに目を付けた日野原節三（実業家。昭電事件で逮捕）さんが横取りしちゃって、何もならなかったんです。でも、日野原さんという人は、そんなことをしていても、ケロッとして元気でいましたね。

竹内　このときの選挙で、女性も参政権がありましたね。睦子さんは、選挙区はどちらにあったんですか。徳島ですか。

三木　私は東京で投票しますけども、彼は徳島ですから、彼の名前を書いたことはないんです。

竹内　投票の際に「三木武夫」というふうに書かれたことはないわけですか。

三木　ないんですよ。書きたいとも思わなかったですね（笑）。

小西　選挙で女性議員がたくさん出たりとか、新人がたくさん出てきたわけですけど、それに対して三木さんは何か言っていらっしゃいましたか。世の中変わったなみたいなことを。

三木　何も言いませんでしたね。もっと政治に関心のある人が出てくると思ったんでしょうね。そしたら、出てきた顔ぶれを見たら、女じゃ政治にならないみたいなことになっちゃったでしょ、あのとき。もう少し人選が必要だと思ったんじゃないかと思います。ただ、私が立候補します、はい、というのじゃなくて、一人ひとりもう少し考えてしたほうがよかったんじゃないかと思っていたみたいでしたよ。

小西　あのときは選挙制度も変わっていて、大選挙区・制限連記制というので。

三木　そうなんです。

小西　日本が進駐軍の占領下に置かれるわけですけど、GHQの関係者と武夫さんって、何か関係みたいなものはあったんでしょうか。

三木　そんな関係なかったんですけど、前の総理が辞めるというので三木が呼び出されたんです。そのときに、明大の先生をしていた松本瀧蔵（明治大学教授・衆議院議員）さんという人が、アメリカで育った人なものですから、非常にいい英語をしゃべるんです。日本語もとても立派でしたけど、英語もなかなか。それで兄弟のように親しくしていたものですから、一緒にGHQに行ったんだと思います。

小西　武夫さんの政治的なスタンスといいますか、GHQでも民政局あたりとわりと近いというふうに思うんですが、当時ですと、ホイットニーですとか、ケーディスとか、そういった人たちと交流をするというようなことはご存じですか。

三木　その後に交流があったんです。三木を総理にしてくださろうというのを断ったあとです。だから、私たち初めてアメリカに行ったときに、マッカーサー元帥の家に行きましたよ。お家といっても、ウォルドルフ・アストリアというホテルの一番上のほうに住んでいらして、広い部屋をね。

小西　それはいつごろですか。

三木　一九五二（昭和二七）年じゃなかったかしら。

小西　当時、民政局と対立していたGⅡというのがありましたけれども、その辺との関係も、GHQ自体とはあまり関係ないですね。

三木　はい。

村松　今お話にあがった松本瀧蔵さんとはいつごろからお付き合いがあったのでしょうか。

三木　学生時分からじゃないかと思いますよ。

村松　明治大学の？

三木　そうそう、明大の先生になっていきましたからね。

村松　戦前からお付き合いがずっとあったということですね。

三木　はい。

小西　商学部ということで、あったんでしょうかね。

三木　私は、タキさんの奥さんと仲良しでしたから、亡くなるまでずっと。

村松　奥様は最近まで。
三木　いえ、わりに早く亡くなりましたね。
村松　松本瀧蔵さん自身も、わりあいと早く亡くなってますよね。五八ですね。
三木　タキさんが亡くなってから、そんなに経ってませんでしたよ、メリーが死んだのは。今、タキさんとメリーさんの一人息子がしょっちゅうここへ来てます。月曜日か火曜日か、毎週決まって来てくれているんです。
　タキさんというのは、静かで、お酒も飲まないし。ただ、平沢和重（外交官・ＮＨＫ解説委員）さん、それから共同通信の社長をしてました福島慎太郎（外交官・共同通信社社長）さんと一緒に、しょっちゅう三人がいつも組んでそこいらじゅうのし歩いていたんですね。

日本協同党への参加

小西　戦後第一回目の選挙で当選後、日本協同党に武夫さんが行かれるわけですけれども、あえて日本協同党というそれは、どういう思いがあったとお考えになりますか。
三木　協同主義というのを三木は考えていたんですね。今までの日本でいう協同主義というのは農村だけの話。ところが三木にしてみれば、協同主義というのは農村だけではなくて、漁業をやる人にも、工業をやる人にも、みんな協同主義が必要なんだというので、三木は農村協同主義だけにこだわっていなかったんだと思います。

世界じゅうがほとんど協同主義というと農村の話になりますけど、初めて戦争が済んで海外にまいりましたときに、ヨーロッパで協同主義の国を二、三歩いたんですね。だけどほとんどが農村ばかりでした。三木の考えているのとちょっと違ったんじゃないかと、私は思うんですけれども。三木は農村だけに協同主義が必要なんじゃないと思っていたと、私が察するんですよ。べつに何か書いたのを読んだわけではないんですけど、工業をやる人も、商業をやる人も、やはり協同主義が必要なんだということを、自分では考えていたんじゃないかと、私は想像しておりました。

初めてヨーロッパに行ったときに、まだ戦禍のあとで、あっちもこっちも穴ぼこだらけのようなところだったんです。そういうようなまだ復興してないときから、三木は一生懸命協同主義を説いたり、聞いたりして歩いておりました。

同志がたくさんいるわけではない。孤軍奮闘でしたけれども、ずいぶんあっちこっち世界を歩いて、何十カ国といったかしら。一月以上かけて、三〇～四〇日。私も小さい子どもを、末の子がまだヨチヨチしているのを置いて行ったものですから、家のことも気にはなったんですけれども、ともかく付いてこいというので一緒に。まあ三木の体も弱かったものですから、毎日注射をしてやらなければいけない。お湯を沸かしては注射してやったりして、三カ月付いて歩いたんです。

そのときには、「協同主義」というと案内してくれる人が農村だけしか案内してくれない。彼は、

インタビュー風景

どうも農村だけが協同主義じゃないということを考えていたんじゃないかと思うんですね。いろんな仕事に協同主義を必要としているのじゃないかということは、彼自身が考えていたと思いますけれども、ともかく世界じゅうの農村も見て歩きました。

小西　戦前、武夫さんが商工族ということの影響があったんでしょうかね。秋葉原の闇市をまとめ、秋葉原デパートをつくられるという話をお聞きしましたけれども、その中でも協同組合主義みたいなことをお考えになっていたんでしょうか。

三木　私はそう思います。べつに三木がそう言ったわけではないのですけれども、あらゆるところに協同主義が必要なんだということを考えていたと思います。

渡辺　そのときに協同党へ入ってきた議員た

ちの仲間で、武夫さんのところへ来る人は農村よりも商工の協同主義に共鳴して来る人が多かったんでしょうか。

三木　そうだと思いますね。ただ、協同主義というと農村の人たちがみんな手をお挙げになるから。ただし一緒に始めたのは改造社の社長さんの山本実彦（衆議院議員）さんなどでしたから。

山本さんという人は、べつに農村協同主義をしていらっしゃる方じゃなかったんです。ただ、この方は一生懸命仕事にとりかかったのに、途中で公職追放に遭われて。追放という制度が、また調子のいいときにフッと追放するんですよ。

竹内　戦後第一回の選挙のあと、武夫さんは岡田勢一（衆議院議員。運輸大臣等歴任）さんですとか、秋田大助（衆議院議員。法務大臣等歴任）さんと、中道政治で自分はいきたいということを表明されて、そのあと日本民主党準備会という会派に参加します。おそらく新党をお考えだったんじゃないかと思うんですが、そういったお話は何かご存じですか。

三木　たぶん協同主義を標榜はしていたんですけれども、農村協同党だけじゃないということを考えていたんじゃないかなと思われる節があるのは、そういうときに皆さんがいろいろ考え方を持って集まっているときに、自分も参加しているんですね。農村協同主義だけだったらば、そこに参加しないと思いますけれども、自分も参加しているということは、幅の広い考え方をしていたんじゃないのかなと思います。

竹内　このとき岡田さん、笹森順造（衆議院・参議院議員。国務大臣等歴任）さんなどと一緒にやっています。

三木　笹森先生というのは、なかなかの学者であられたし、青山学院の学院長もしていらしたし、剣道の先生でしたし。

竹内　民主党準備会で、岡田さんや、笹森さんは、このとき当選した議員だけで新党をつくろうとしたんですけど、武夫さんはもう三回目で、路線が合わなくなったということで、この会派から抜けたようなんですけれども。

三木　どうして抜けたのか、どうして入ったのか、よくわかりません。何しろ私は子育ての真っ最中でした。子ども三人こしらえましたからね。それに徳島の学生やアメリカの二世の子どもたちも何人も預かっていましたしね。

小西　千石興太郎さんが日本協同党を最初につくられて、千石さんも公職追放になっちゃいますね。そのあと三木さんが本格的に加わられるのですが、それは千石さんは森家ともわりと近く交流されていたということなんですが、そういうきっかけもあったのでしょうか。

三木　森との関係は、つまり父が戦争前に亡くなっておりますから、森家の兄が紹介したということはないと思います。目白署の署員のお巡りさんだとか目白の駅の改札の人たちが、この界隈に住んでくださいといって家を探してくれたのが、千石興太郎先生のお家の並びだったんです。ひどい奥だったんですけれども、そこを探してもらって私たちは引っ越してきたら、たまたま千石さんのすぐ隣だったということです。

渡辺　笹森さんを中心とする国民党は合同しますね。井出一太郎さんは、そのとき一緒になられたらしいですね。

三木　井出さんは、最初から協同党じゃないんですよね。国民党で入っていらして。

渡辺　そうすると、国民党と協同党とは合同できるような、考え方の近いところにいたということですね。

三木　そうでございますね。

小西　協同党あるいは協同民主党というふうに変わっていかれるのですが、今から考えると、当時、社会党というのも相当右から左までいろいろありましたので、社会党の一部の勢力と合同するとか、そういった志向はなかったでしょうか。

三木　そういう話はなかったと思いますけど、最初の組閣のときに社会党と組閣したものですから、社会党の人たちとは大変仲良くさせていただきました。社会党の委員長の方のお家は上野のほうだったんですね。そこへも伺ったことがあるし、次の、社会党をほとんど牛耳っている人みたいな、スラリとした背の高い人。

小西　西尾末広（衆議院議員。内閣官房長官・副総理・民社党委員長等歴任）。

三木　そうそう。それは恵比寿の近くにお家がおありになって、そこへも伺ったことがありますし、わりに社会党の方々とは近しく……。

竹内　協同党に入られる際に実際に話に来たのは、どうも赤城さんのようなんですけれども、そのご記憶はございますか。

三木　かもしれません。何しろそのころ私は町中に住んでなくて、雑司ヶ谷だとか、初台だとか、わりに引っ込んでいたものですから。

四　戦後二回目の総選挙と連立協議

一九四七（昭和二二）年四月の第二三回総選挙を前にした三月、協同民主党と国民党と無所属クラブが合併し、三木を書記長とする国民協同党が結成された。このとき国民党から参加した井出一太郎は後の三木内閣で官房長官を務めることになる。

この選挙から三木は党幹部として全国を遊説するようになり、地元の選挙運動には睦子氏が関わることになっていく。選挙直前の一月には三木の母が亡くなり、すでに父も亡く（一九四一年）、選挙には不利とも見えるこうした状況について、睦子氏は「応援隊は外の方が大勢で」「昔の友だちがあっちにもこっちにも出てきてくれて」楽だったと述べ、三木の人脈の広さにふれている。

この選挙で社会党が第一党となり、社会・民主・国民協同党の連立が成立し、社会党片山内閣が誕生した。三木と社会党の西尾末広との劇的な出会いと交渉があったとされる。三木は逓信大臣として入閣、睦子氏は三〇歳で大臣夫人となった。片山内閣は炭鉱国家管理問題や社会党の内紛などにより八カ月で倒れ、民主党芦田内閣が誕生する。この内閣も昭和電工からの賄賂事件によって短期で終焉を迎える（昭和電工は睦子氏の父森矗昶が興したが、すでに経営権は日野原節三に移っていた）。この後の首班指名をめぐって三木は「マッカーサーに呼ばれて会談し、首相就任を強く求められる」が、あくまで首相は第一党党首（自由党吉田茂）であるべきだとそれを断わった。

この後も三木は中道政治をめざす政治勢力の結集を訴え、一九五〇（昭和二五）年四月に国民民主党（最高委員長　苫米地義三）を結成する。この党の政治綱領には社会連帯・協同・社会福祉が掲げられ、社会党と自由党の中間の政党をめざすものであった。三木は翌一九五一年一月にこの党の幹事長となり、日本の独立を実現する講和条約締結を目指す。

この時期にこそ「バルカン政治家」と呼ばれた三木の姿が浮き彫りになる。

（矢野雅子）

国民協同党での第二三回総選挙

小西　戦後第一回目の選挙一九四六（昭和二一年）、翌年の第二回目の選挙のころになると、武夫さんは相当お忙しくて、徳島に帰っている暇はないですね。

三木　なかったんですね。

小西　選挙というのは、どういうふうにやっていらっしゃったんですか。

三木　最初のころは、戦前は女は投票権がなかったものですから、私も遠慮して、徳島へ行っても役に立たないということで、それに赤ん坊もいたり、行かなかったんですけれども。戦後の選挙のときには女にも公民権が与えられたりしたものですから、明大の若いお嬢さんたちを引き連れて、そのときに野田（愛子・弁護士）さんとあと三人、だから四人の女の子を。

小西　野田さんたち四人は、武夫さんが連れてこられたんですか。

三木　そうです。学校へ行って頼んだんでしょう。そしたら推薦してくれたんじゃないかと思います。その前にはあまり付き合いのないお嬢さんたちでした。

小西　それこそ小島憲（明治大学教授。学長・総長）さんとか、ああいった人たちが雄弁部の関係とか何かで推薦してくれたんでしょうね。

徳島でどんな選挙がされていたかというのは、あまりご存じないですか。

三木　私は裏方でしたから、何しろ食べるものを調達するので大変なんですね。農村ですけれども、見渡すと菜っ葉しかないというような。農村でそうですから、町中へ行ったらよけいのことですね。それで毎日、菜っ葉のおみおつけで、菜っ葉のお漬け物で、煮物も菜っ葉でというようなことで、ほんとにどうしようもない。遊説に出してやるのはいいんですけど、帰ってきたときには全部シラミだらけで、全部脱がせて煮沸消毒してシラミを殺してやらないといけないので、もう裏方は大変だったんです。車へ乗ったらみんなシラミだらけ、ノミだらけ。ガソリンがないですから木炭車に乗って、木炭で、こうやって回して火をおこして大騒ぎ。

小西　睦子さん自身は、選挙期間中に徳島には？

三木　最初の選挙は、そんなわけで女は選挙権がなかったんですけど、その次の選挙からは徳島へ赤ん坊まで担ぎ込んで、あれやらこれやら、それこそ私が走り回れる体の余裕はなかったんですけど、それでも知り合いを求めて、あっちやこっちやしておりました。

小西　選挙事務所みたいなものは当時もあったと思うんですが、武夫さんの実家のほうにあったんですか。

三木　最初の選挙のときはどうしたんでしょう。やっぱり家が主体になっていたとは思いますけれども、近くの町で宿屋さんをしていた人と親しかったものですから、そこを借りて選挙事務所にして、広範囲に人を出したり入れたりしなければならないものですから、やっておりました。小さな町ですけれども、それでも町らしい町で、そこへ汽車の終点もあったりしたものですから。

小西　当時、選挙で党の幹部として武夫さんが苦労されていたような思い出みたいなのはありますか。

三木　何しろ離れていて、選挙になったら、私は徳島へ行く、彼は日本じゅうを歩くで、あまり苦労している様子を見る暇もなかったんです。

新しい方とお友だちになって、ちゃんと自分の理論をわかってもらって、同志になってもらうというのは大変だったと思いますけれども、一人ひとりそうやってちゃんと同志になる下地をこしらえていっていたと思います。

三木の母・タカノについて

小西　一九四七（昭和二二）年の選挙をやる一カ月前に、武夫さんのお母さんタカノさんが亡くなります。お葬式があって、選挙があってと相当大変だったんじゃないかと思います。

三木　そうですね。でもね、三木の家はそれまで先祖というのがなくて、父が初めてつくった家ですから、先祖代々というのは何もないでしょ。だからお葬式なんていっても一軒だけ、自分だけという感じでございましたから、わりあい楽だったんじゃないかと思います。私、お葬式といったら大変なことだと、つい自分の里のことを考えますからね。それは何代もね、何しろ一間半もある仏壇で、いっぱいお位牌があるところから嫁に来てますから、先祖がないというのは不思議な感じがするんですけど。ともかく父が亡くなって、母が亡くなって、それでおしまいというような、簡単な家でございましたから、そういう点では何も面倒なくて、ほんとに手間暇かかるところが何もないというようなことで。

渡辺　そういうことが、今度は選挙に置き換えてみますと、わりと同族の塊といいますか、それが弱くなっちゃって、票を集めるのが大変という、そういうことが起きてきますね。
三木　はい。そうなんですけど、動くほうは楽でございましたね。最初の選挙のときには、選挙区が小さかったものですから、友だちが選挙区の外にたくさんいたんですけれども、一票にもならないんです。でも、応援隊は外のほうが大勢でわいわい言ってくだすってね。全県一区になってから、ずいぶん楽になりました。そういう昔の友だちが、あっちにもこっちにも出てきてくれて。
渡辺　そうすると、同族型の選挙ではなくて、武夫さんが大きくなられる過程で交友関係をもたれた。そういう人たちがみんな外側から集まってきて、中を固めていくという、そういう選挙のやり方ですね。
三木　そういうことですね。びっくりするように、とんでもないような人たちが、どうして知り合いになったのかなと思うような。
渡辺　同族型じゃなくて、友人型選挙というか、これもむしろ次へ来るひとつの新しいやり方ですね。
三木　何しろ親戚なんというのはほとんどないんですから、気楽に誰とでも友だちになれて。

小西　一九四七（昭和二二）年の選挙が終わったあと、今度は連立内閣ということで、社会党を中心にして民主党に国民協同党という三党でつくられるんですけれども、この三つが一緒になるときのお話は聞いていらっしゃいますか。

　睦子さんの本を見ますと、列車内で西尾末広と偶然に会って、連立の協議をしたという話が出てくるんですが、そういった話は武夫さんからお聞きに……。

三木　子どもを背中に背負って大阪から一緒に乗ったわけです。西尾さんも一緒に乗っかって、汽車の中でいろいろお話をして、話し足りないと言ったら、新橋に三木の事務所があったものですから、じゃあここで降りようといって新橋で降りて、三木の事務所へ入って、誰もいないんですけれども、ともかくそこでいろいろ想を練ったり、相談したんですね。だから、私は最初の成り立ちから全部知っているわけです。

竹内　汽車の中で、もう具体的に連立構想などをお二人で話されていたんですか。

三木　そうそう。でも大勢人が聞いているから、あまり難しい話はできなかったんだと思います。それで八時間も九時間も乗っている間に話しきれなくて、三木事務所のカギを開けたというような。新橋の駅前に闇市がありましてね。ガヤガヤ、ガヤガヤ、物を売ったりしていたんですけど、その後ろにちょっとした八階建てぐらいのビルがありまして、その三階か何かを借りて使っておりました。でも、一、二カ月のうちに占領軍が入ってきて接収されてしまったものですから、またほかへ引っ越したんですけど、新橋の駅前って便利なところでございました。

竹内　新橋に一、二カ月ということは、戦後に事務所を構えられて。

三木　そうそう。

竹内　その前はどちらかに事務所もお持ちだったんですか。

三木　戦争中はどうしていたかしら……。戦争中は、たぶん個人の事務所なんか持ってなかったと思います。一年生議員で、そのころたぶん個人個人が事務所を持つなんていう習慣はなかったんじゃないか。

竹内　新橋が接収されたあとは虎ノ門ですか。

三木　はい。虎ノ門の大きなビルの二階を借りました。そのころ、あっちもこっちも焼け出されて、ビルの二階といってもあっちこっち焼けた節穴だらけみたいなところでしたけれども、そこのビルはわりにきちんとしていて、のちに大塚製薬の大塚正士（大塚製薬社長）さんが東京へ事務所を持ちたいといって、三木と二人で一生懸命あっちやこっちや探し歩いて、とうとうなくて、じゃあしばらく同居しようというので、そこの三木の部屋に大塚さんが同居したんですよね。だから、私が「もしもし」と電話をかけると、「大塚製薬でございます」って出るから、「あなた、ヤドカリの姓を名乗ったらだめじゃありませんか。三木事務所と言いなさい」って（笑）。

竹内　大塚製薬の事務所と一緒の状態というのは何年も続いたんですか。

三木　何年もは続きません。一生懸命新しいところを探しましたからね。そのうちに自分で神田に大きな八階建てか何かの事務所を建てたんです。そのころは大塚さんが自分でそれだけのものをできるだけの力がついたんですけど、最初は、それこそ製品を持って、三木と二人であっちゃこっちゃの薬屋を回ってね。

竹内　武夫さんもですか？

三木　はい、一緒に。だって大塚さんは東京は初めてですから、連れて歩かなきゃどうしようもない。

竹内　事務所は、虎ノ門のあとが番町になるわけですか。

三木　いや、まだまだ。虎ノ門のあとに赤坂に協同党が事務所を持ったんです。そこの土地を持っていらした方が東北大学の教授で、「私は、自分の名前で持っている土地をやたらな人に売りたくないから、三木先生に買ってほしいなと思っているんです」とおっしゃるので、そこを譲っていただいたんです。

二階の自分の部屋から真っ直ぐ国会が見えるんですって。こんないいところはないと言って、三木は喜んでいたんですよ。氷川神社の山を越すと、そこに自分の終生の館である国会が見えるというので得意になっていたんですけど、お隣の仲良くしていた方が、テレビ会社の社長さんにおなりになるというので土地がほしい。三木さんのところを分けてほしいというんですけれども、三木は何しろ国会を直接見たいというので嫌がったんです。でも、それは無理な話なんですよね。それから私も一生懸命あっちこっち探し歩いて、四谷のお堀端に土地を見つけて、ここならどうかと、三木もさんざんいろいろ考えたけれども、そこにしようかというので赤坂を引き払ったんです。

初入閣

小西　西尾さんと会ったことをきっかけとして、今度は三木さんが史上二番目の若さで入閣されますよね。最初になられたのが逓信大臣ということだったんですが、このポストについては片山哲（首相）さんなんかと相談があったんでしょうか。

三木　相談しての上だったんだと思いますけど、三木が望んで逓信大臣になったわけじゃないと思います。

小西　これをやりたいということは特におっしゃってはいなかったんですか。

三木　ではないと思いますね。逓信大臣になったからって、あとのことですけれども、例えば電灯線やら電話線やらを逓信省が持っているということで、郷里にもというような気持ちがあったんでしょうね。勝浦郡というところがあるんですけれども、その勝浦郡というのは自分の選挙区じゃないんですけれども、そこへ電話を引いてやろうと思ったんですね。村の人に相談して電話線を引くことにして。

なぜかというと、そこはおミカンの村で、直接輸出できるのはおミカンしかないのだからというので、経済市況を電話で聞いて、今売ったらとか、きょうは売りとかというのを電話で聞くと、山からロープでもってザルを落とすんですね。そうすると、ザルいっぱいのおミカンがツーツーツーと降りてくるんです。そういうことで輸出産業になるというので、電話線で始めたんですね。電灯線を引かないで、電話線を引いたというので、だいぶあっちこっちから抗議を受けたんですけれども、それが産業のもとですから。それで電灯線も引けるようになった。

このあいだ娘の選挙のときに、その村へ行ったんですね。その話をしたら、誰も覚えてない。考えてみれば、曾おじいさんの時代の戦争直後の話ですからね。当代に働いている人はみんな、それはおじいちゃんか、曾おじいちゃんの話ですから、知らないのは当たり前です。

小西　逓信大臣ですと、当時労働運動が非常に盛んでして、全逓とかそういった人たちとの対峙みたいなものも、大臣としては大変だったんじゃないかと思うんです。

三木　ええ。全逓（全逓信労働組合）の委員長は土橋一吉（衆議院議員）さん、いい人でしたよ。頭もいいし、器量もいいし。三木が忙しくて、なかなか会えないもので、いつでも「ママさんいますか」ってやってくるんですね。それで二人で、あれやらこれやらおしゃべりしていたんですけれども、土橋一吉さんは頭のいい人でした。三木と同じ明大ですから話は通ずるし。

小西　来たのは全逓だけで、ほかの労働運動みたいな人たちが、大臣だから来るということはなかったんですか。

三木　そうですね。土橋さんは全逓ですから私どもの管轄下だったんでしょうけれども、ほかの組合からは誰も来てなかったと思います。

社会党との連立

小西　西尾末広さんと電車の中で会って、それが連立というふうにいくわけですけど、片山社会党委員長に対して、あるいは社会党そのものに対して、何か思いみたいなのがあったんでしょうか。イメージとして。

三木　どっちかというと三木は保守党じゃなくて社会党に近いほうですから、話はすごくスムーズに合ったんだろうと思いますよ。私も片山さんのお家へも行ったことあるし、西尾さんのお家はここからわりに近いところで恵比寿の駅の近くでしたから、西尾さんのところへも行ったことありますけれども、その当時とすれば、私が二〇代で若手だったから、ちょこちょこ動き回りやすかったのかしら。べつに三木の用事をたしに行った覚えはないんですけれども。

小西　プライベートに遊びに？

三木　はい。

小西　西尾末広さんという方に対して何か三木さんはおっしゃってましたか。

三木　あまり聞いてませんね。私は、西尾さんと親しくなったものですから、何かというと西尾さんとの連絡はとっておりましたけど、三木を通じて片山さんや西尾さんとどうとかするということはなかったと思います。

小西　西尾末広さんってどういう感じの人だったんですか。

三木　格好を言えば、背がスラリとして美男子で素敵だったんですけれども、おっしゃることは、じっくり静かで話が非常にわかりやすいというか、労働者の出ですから、普通の人にもわかりやすく話をするというのが信条なんでしょうね。非常に話の仕方がわかりやすいという感じでしたね。

芦田内閣

小西　片山内閣が終わって芦田内閣が始まるんですけれども、芦田均（首相）さんという方はどういうイメージをお持ちでしたか。

三木　芦田先生というのは非常に頭のいい鋭い方だったんですけれども、鋭さだけじゃなくて、奥様とも大恋愛の末結婚したというぐらいで、やさしいところがあるんですね。私たちの中でも、お付き合いをしてもほんとに楽しいというか、私はまったく子どもですが、子ども扱いしないで一人前に扱ってくださるから、けっこう嬉しくて、しかも片山内閣、芦田内閣両方だと思いますけれども、みんな住む館がないんですね。ところが私たちは、まず一番最初は逓信省。逓信大臣官邸というのが、すぐこの近くなんですけど素晴らしいお屋敷がありましてね。庭も広くて、茶室も別棟にできていて、しゃれた家だったんですよ。二階建てで広々としていて。だから、人が集まるというと、大臣方全部「三木君のところへ行こう。三木君のところで会合しよう」と、必ず三木君の家を目指していらっしゃるんですね。それで大蔵大臣が一升瓶を抱えて、あとはみんな家で飲み食いしようというので集まるものですから、私は必死になって食べるものを探したりなんかして。何しろ大勢ですから、全部大臣方皆さんがお寄りになるものですから、ごちそうをそのたんびにしていたんですけれども、やっぱり女房が若くて元気でいるから、つい「三木君のところ」ということに。皆さん、大臣方がよく集まってくださいましたよ。いわゆる閣議というわけですかね。

中央政治連盟結成案

小西　芦田内閣が崩壊する直接の原因は昭電事件ですよね。

三木　全然関係ないんですよ。昭和電工と芦田さんは何も関係ないのに、でっち上げられて、申し訳なかったと思うんです。芦田先生と昭電とどこに関係があるのかと思うんだけど、昭電事件で芦田内閣はつぶれたということになってますね。

小西　ほんとに関係はないんですが、昭電というと、創業者一族として、ある意味ではのっとられて、それでこんなスキャンダルが起きてという思いはあると思うんですが、武夫さん自身も、昭電事件に対してとか、あるいは昭和電工そのものに対して何か思うところはあったでしょうか。

三木　武夫さんは何も言ってませんでした。私が自分の里のことだからぎゃあぎゃあとわめき立てていたんですけど。

せっかく十何億というのを必死の思いで獲得したのに、濡れ手で粟で取られてしまって、それがどうなっちゃったか。このあいだ久しぶりにテレビで見ましたよ。絵を何枚か、一枚ずつにして売り立てて、その何枚を買ったとか何とかいうので写真が出ていたんですけどね。昭和電工をのっとった人。

小西　日野原節三（実業家）。

三木　新聞にね。ああ、この人元気でいるんだわ。しかも、大変な額の絵を二枚も買ったという。びっくりするようにお幸せな人ですよね。一生懸命演説までして覚えて昭和電工のために議決してもらった十何億を濡れ手で粟で取ってしまったりというので……。ともかく兄は、それ一期しか国会は出ませんでしたけれども、追放になってしまってどうにもならないで、結局あとは追放解除までじっと何もしないで。かわいそうに、釣りをしようか、何をしようかと言いながら、それも人目に立つことはできないとか何とか言っているうちに、苦労して死んでしまったんですけれども、昭和電工事件と言われて、まるで兄たちが悪者みたいに世の中にはね。昭和電工事件とお金の問題とは全然別のものなんですけどね。昭電事件と一口に言われると、まったく私は、ほんと悔しい。

小西　武夫さんは芦田政権が崩壊するときに何かおっしゃってましたか。

三木　そのときにマッカーサーに呼ばれたんですね。それで出かけていきました。帰ってきて、「何の用事だったの？」と聞いたら、「社会党内閣が辞めるというので、僕に次をやれと言うんだよ」って。芦田さんが辞めたときですかね。でも「断ってきちゃったんだよ。芦田内閣のあとは野党の第一党に渡すべきだとマッカーサーに言ってきたんだよ」って。私の母が「それは当然ですよ。こんな若さで総理大臣なんかなる必要がありますか。まだまだ先のことを考えたらゆっくりでいいの」って言うんですね。私はまだ子どもですから、「へえ、そうなの」とか何とか言ってました。そしたら母が、それは当然だとほめてくれたものですから。私は自分じゃ訳がわからない。まだ二〇代のおかみさんには訳がわからない。「おばあちゃま、そうなの」とか聞いていたんですけれども、もしあのときに若くして総理大臣になっていたら、どんなことになっていたか。日本がつぶれちゃっていたかもしれない。

小西　全然違う日本の政治になっていたでしょうね。

渡辺　もっと良くなったかもしれない。

バルカン政治家

小西　連立を組んだ時期なんですが、社会党の水谷長三郎（衆議院議員。商工大臣）が武夫さんのことを「バルカン政治家」と言うんですけれども、言われたことに対して武夫さんは何か感慨みたいなものを漏らしていらっしゃいましたか。

三木　何も言ってませんでした。人の悪口なんて別にどうということはないと。男が仕事する以上、どんなに悪口も言われるよというようなふうでしたね。

小西　のちに「理想もつバルカン政治家に」と武夫さんはおっしゃっているんですけれども、政治家というのは確かに理想をもって、いろんな利害調整をしていかなければいけないわけですから、私から見ると、武夫さんの生き方というのは政治家の本道だと思っているんですけれども。
三木　私も思っていましたから、弁解しなくても仕方がないなとは思ってました。
小西　水谷長三郎さんとか、お会いになったことはありますか。
三木　はい。
小西　どういった感じですか。
三木　大変磊落なおもしろい人でしたよ。話が愉快な。社会党っていうといじめられつけていらっしゃるけれども、それが意外とほがらかな楽しい……。
小西　労働運動でずっと頑張ってきている人ですから。
竹内　大臣の奥様方とは集まりなどはあったんですか。
三木　最初のうちは、奥さんたちは世間に出られるような格好もできないわけですよね。戦争で苦労して、もんぺはいて。だから片山内閣ぐらいまでは、奥さんたちの会合なんてしようともしませんでしたけれども、鳩山内閣というのは、みんな友だち同士ばっかり。つまり清和会というのがあって、犬養（毅・首相）夫人の時代から、犬養さんが亡くなって鳩山（一郎・首相）さんの時代になって、ずっと仲良しクラブみたいだったものですから。そのうちに大臣夫人ばかりが集まることもありましたし、清和会というのは一般の奥さんたちも入っていたんです。例えば鳩山さんの選挙は東京ですけど、奥様たちも入って、けっこう一時は大勢だったこともあるんですけど、だんだん国会議員中心になってきましたかね。私は、清和会という、つまり政友会の婦人部には属していなかったはずなんですけど、鳩山おばちゃまが「睦子ちゃん、こっちにきてお座り」っておっしゃるから、ついついみんなの仲間入りみたいなのはしてましたけれども。

五　サンフランシスコ講和会議から「五五年体制」まで

一九五〇（昭和二五）年六月に勃発した朝鮮戦争は、それまで次第に明確になっていた世界レベルの「冷戦」を「熱戦」に変えた。これにより日本の占領政策は大きく変わった。アメリカは「逆コース」政策を明確にし、公職追放されていた政治家を釈放した。また占領を終わらせる講和条約締結を促進。講和条約は、一九五一年九月八日にサンフランシスコで調印、一一月に国会批准、翌五二年四月二八日に発効した。講和条約調印の同日、吉田首相は単独で日米安保条約にも調印。講和条約の調印にいたるまでは全面講和か部分講和かの国論を二分する対立があり、批准に際しては講和条約と安保条約のそれぞれに対して国会内で賛否が分かれ、日本社会党は左右両派に分裂した。

朝鮮戦争後の反動不況に誘発された「造船疑獄事件」を受けて、財界の意向もあり、保守合同が志向されるようになった。吉田退陣後の五四年一二月に誕生したのが、五一年に追放解除となって政界に復帰していた鳩山を首班とする内閣であった。それまでの吉田とは対照的に、開放的であり、追放解除直前に脳梗塞で倒れたなどの不運に対する同情も加わったことで「鳩山ブーム」がおこった。しかし五五年二月に行われた総選挙では日本民主党が一八五、自由党が一一二議席で、全議席の三分の二には及ばなかった。鳩山が唱える改憲を阻止するため、社会党ら革新陣営が運動したことによるものだった。このことは、一方で一〇月の左右社会党の統一を生み、他方で自由党と日本民主党の「保守合同」をもたらすことになった。このあと長期にわたって続く自民党―社会党の対立状況、さらには自民党一党支配体制を「五五年体制」と呼ぶ。

三木は五〇年四月に結成された国民民主党の最高委員、翌年一月に幹事長となり、五二年二月に結成された改進党でも幹事長、五四年一一月には民主党に加わり、一二月に誕生した鳩山内閣では運輸大臣に就任した。

（小西德應）

講和条約への反対

小西　ちょっと飛ぶんですけど、一九五一（昭和二六）年、日本の独立のためにサンフランシスコ講話条約を結ぼうというときに、武夫さんは反対をされます。
三木　よく知りません。私は子育てに専念していたから。
小西　時期が早いと思ったのか、あるいは吉田茂のやり方がよくわからなくて反対したのかというのは。
三木　その間のことはよくわかりません。

最初の欧州歴訪

三木　私が海外にくっついて行ったときは（一九五二年）、もう飛行機です。飛行機も何だか危なっかしいような飛行機でしたけれども。何回か怖い目に遭いましたけれども、私が一緒に行ったときは飛行機でしたね。
小西　飛行機は当時わりと小さな。
三木　ええ、小さな飛行機でね。
小西　あのときはベルリン市長からの招待で。
三木　それがよくわからないんですけどね。というのは、行ってみたら、約束した市長さんは死んじゃっていたんですよ。それで私はよくわからないんですけれども、その次の代の市長さんが

「前市長がお接待をしろと言っておりましたので、気持ちよくゆっくりここで休んでいってください」というようなお話だったものですから。でも、大変丁寧に案内してくだすって、オペラも見せてくだすったりして、「前市長が接待すべきでしたのに」としきりにおっしゃって。だから私は、ベルリン市が本国へ統合される前に行っているわけです。

小西　ベルリンのあとアメリカに渡られたんですか。

三木　ヨーロッパをぐるぐる回って、帰りはアメリカでした。

竹内　何カ国ぐらい回られたんですか。

三木　そのとき二三カ国だったかしら。わりに克明に歩いていたんです。

小西　マッカーサーとはワシントンで会われたんですか。

三木　ホテルでした。ワシントンDCの、いつも三木が「僕が泊まるホテルだ」と言っていた、何といったかな。そのホテルはいつでも三木が泊まるホテルで、わりに大きいホテルでしたけれども、そのタワーに彼は住んでいて、一階下に秘書官をしていたホイットニーさんが住んでいて。お食事をご馳走するとおっしゃったので、「いただきます」と言ったら、ホイットニーさんの奥さんがご馳走をつくって、一階下のホイットニーさんの食堂でご馳走になりました。

改進党の結成

小西　ヨーロッパ、アメリカから戻られたあと改進党を結成されるんですが、改進党を結成したときに、今まで追放になっていた人たちがたくさん戻ってきたりして、かなり今まで武夫さんが自分の政治信念に基づいてやってきたのと違う形で、いろいろと人と折衝していかなければいけなかったのかなと思うんですけれども。違う人たちが入ってきたことに対して、武夫さんは何か言っていらっしゃいましたか。

三木　私には何も言いませんでしたけど、私は若くて訳わからないのに、忙しいものですから、よく「この方の話をよく聞いておいておくれ」と言っちゃ、自分はまた別の人と会ったりしてましたね。だから私は、世間話をしながら選挙区の様子をうかがったりしていたんですけれど。

小西　改進党の総裁で、武夫さんは藤山愛一郎（実業家、衆議院議員。外務大臣等歴任）さんを推していらっしゃって、大麻唯男（衆議院議員。国務大臣等歴任）たちが重光葵（鳩山内閣副総理。外務大臣）を推して、結局重光が総裁になるということがありました。睦子さんは、重光とか、藤山愛一郎さんとかはお会いになった方ですか。

三木　はい。藤山さんのお父様になる人に仲人をしていただいて結婚してますから、藤山さんとも親しくしてましたし、三木自身も、皆さんお互いによく知っていた仲だと思います。

重光さんのお家は鎌倉にありましたね。鎌倉へ訪ねて行ったりもしましたし、同じ党内ですから、わりにそれぞれけっこう行き来があって、仲良くしていたんじゃないかと思います。

小西　吉田茂に対していろいろあったと思いますが、自由党あるいは吉田茂に対して、武夫さんは何か……。

三木　吉田さんについてはあまり語っていなかったような気がしますね。ただ、選挙で出てきた国会議員じゃないですからね。外務省から突然入ってきて総理になられたので、選挙が苦しかろうというようなことを批評してましたね。確かに選挙は苦しかったようです。郷里へお帰りになると、外務省の人というのは、そんなに郷里の人と付き合えないから難しかったんだと思いますね。土佐の人とのあいだが。

日本民主党の結成と鳩山ブーム

小西　吉田政権が終わって、今度は鳩山ブームが起きてきますけれども、鳩山に対するイメージといいますか、思い出みたいなものは。

三木　私の里が鳩山家と親しかったものですから、最初に三木が鳩山さんと一緒に党をつくったら都合はよかったんでしょうね。私は、乗ってくれればいいと思っていたし。

小西　第一次鳩山内閣のときに、運輸大臣に武夫さんがなられるのですが、そのころの運輸大臣としての思い出みたいなものはありますか。

三木　そのころはすごく乗り物が不自由なときですから、彼は貨車に乗せてもらって動き回っていたことがあるんですね。「あれは人が乗ってもべつに困るようにはできない。椅子だけ持っていけばいいんだから」とか何とか言ってごまかしてましたけども、ちょっとご無礼させていただいて貨車へ乗せてもらったり。

でも、その後は運輸省というのは航空関係の仕事をやってましたから、北海道へ初めて飛行機を飛ばす。「北海道へ行く人があったら、汽車で行かないで飛行機を使ってくれるように頼んでよ」なんて言ってましたけど、なかなか北海道へ行く人が見つからなくて、「私たちでもいいかしら」って聞いたら、「客として乗るのならいいよ」と。私は安西の姉（睦子氏の長姉満江氏のこと。昭和電工会長安西正夫氏の妻）を誘って、うちの娘と三人で飛行機へ乗せてもらったら、飛行機はいいんですけども、あとの道がガタガタガタガタした道で、札幌の市内までが大変だったんです。ほんとにひどい。運輸大臣のときの思い出って、まずそれですね。

小西　鳩山内閣のもとで日ソ国交正常化というのが行われたわけですけれども、そのころの思い出とか、あるいは武夫さんのソ連観みたいなものというのは何かあったんですか。

三木　いろんなことがあったんでしょうけど、みんな忘れてしまって、恥ずかしい話です。

三木の保守二党論

小西　もう一つ、鳩山内閣のもとで次第に保守合同論というのが起こってくるわけですが、武夫さんは、拝見すると保守二党論を主張されているように思うんですが、これはどういうお考えがあったんでしょうか。

三木　どういう考えだったんでしょうか。私もよくわかりませんけれども、彼はもともと協同主義というのを唱えておりましたから。

小西　愛知県選出の河野金昇（衆議院議員）さんが、ぜひ保守合同しようというふうに誘われたと聞いておりますが、やっぱりそれは難しかったんですかね。

三木　あの人も熱心に毎日毎日、朝から座り込んで。おみ足が悪かったせいもあるのでしょうけれども、こたつにどっかと座ったら動かないで、三木が何をしてても平気でじっと待っていらっしゃるようなところがあって。

六　五五年体制から池田政権まで

日ソ国交回復を果たした鳩山は一九五六（昭和三一）年一二月に内閣総辞職する。後継を岸信介、石井光次郎、石橋湛山の三名が競う。石井と石橋は「二位・三位連合」を組み、第一回目の投票では岸が一位であったが、第二回目には七票差で岸に競り勝ち、石橋が組閣した。三木は石田博英とともにいち早く石橋を推し、松村・三木派もこれに従った。三木は幹事長に就任する。

石橋内閣は首相の病気のためおよそ二カ月で総辞職。辞任に当たり石橋は、進退を決するとしたうえで「私の良心に従います」と書き出し、「党内融和と派閥解消」などを求める「石橋書簡」を岸総理大臣臨時代理と三木幹事長にあてて出しているが、それを執筆したのは三木本人であった。

石橋内閣の後は岸が引き継ぎ、第一次内閣は石橋内閣の閣僚がそのまま留任した。五八年五月の総選挙で勝利した岸は、六月には独自の人選で第二次内閣を組織した。三木は第一次では幹事長に留任し、第二次では経済企画庁長官と科学技術庁長官の二つを兼務する形で入閣した。

岸は、石橋が中国など社会主義国とも国交正常化しようとしていたのとは異なり、対米関係を重視するとともに、憲法改正などの保守政策を志向した。代表的なものが、警察官職務執行法（警職法）改正や日米関係を対等なものにする日米安保条約の改定であった。警職法改正は反対運動によって撤回せざるを得なかったが、安保改定は一九六〇（昭和三五）年五月一九日の衆議院日米安全保障条約等特別委員会で強行採決され、翌日に本会議を通過してから三〇日後に自然成立した。これが批准されるのを待って岸は退陣表明し、七月に内閣総辞職にいたった。

この間三木は警職法改正案の廃案を岸に求めるとともに、同案に端を発した党運営問題から、池田勇人国務大臣・灘尾弘吉文部大臣とともに五八年一二月に閣僚を辞任している。また六〇年の五月二〇日には、前日の強行採決に抗議して本会議を欠席した。

（小西德應）

合同をめぐる動き

小西　保守合同、いわゆる五五年体制成立期あたりをお聞きします。一九五五（昭和三〇）年に保守合同ということで自由党と民主党が合同するわけです。保守が一本化することについて、武夫さんからすると、今までやってきた協同主義と少し違うところが出てくると思うんですが、その件に関してご本人は何かおっしゃってましたか。

三木　三木は最初から保守合同に賛成ではなかったと思います。ただ何人か、いわゆる三木派と言われた人たち、つまり協同主義の方たちと一緒でございましたから、その方たちが、小さく縮こまっているよりも大きくして羽ばたきたいという考えだったものですから、その方たちがしょっちゅう、ああでもないこうでもないと寄ってきては、一緒になってくれということを、三木にねだったんだと思いますね。それで三木は重い腰を上げたんだと思います。

竹内　河野金昇さんなどは、やはり推進していたほうですか。

三木　河野さんは合同派でしたね。しょっちゅう来ていらっしゃいました。

竹内　海部俊樹（首相）さんが、あの当時河野さんの秘書というか。

三木　まだ子どもでしたからね（笑）。学生帽をかぶって、早稲田と中央大学か何か二つ腰かけて学校へ通っているような子でしたから。

竹内　最初は河野金昇さんと一緒に来て……。

三木　河野先生のお供でしょっちゅう来ておりました。台所へ来ちゃ「僕の食べるおむすびある?」なんてね(笑)。

小西　保守合同というと、三木武吉(衆議院議員)が非常に強力に進めた人なんですけど、同じ四国の香川生まれということで、「三木」姓だし、「武」まで漢字が同じということで、親戚じゃないかと誤解をしている人も多いように思うんですが。

三木　武吉さんは、私をつかまえると「おじいさんの子分だからな」とか、「親戚だからな」とかっておっしゃっていました。この人は昔の政友会ですから、私の父のところへしょっちゅう見えていました。私の父が亡くなったのは五六歳でしたから、そんなに長い間のお付き合いではなかったんですけど、それでも父の年会のときなんかに来て、武吉さんが大演説をぶったりしておりました。

小西　武吉さんというのは、どういう方でしたか。

三木　きゃしゃな、やせた人でしたけれども、わりに声が大きくて、どっちかというと理論派でしたね。理屈を滔々と述べるような感じで。父の法事のときなどはこまめにいろいろしてくださったような気がします。

小西　武夫さんにとって、政敵とまでは言わないけれども、保守合同で一緒にはなるけれども、ちょっと考え方は違うという……。

三木　そうですね。私の里は麹町でしたし、武吉さんのところが牛込で、私たちが住んでいたのが目白でございましたから、ちょうど真ん中ぐらいに武吉先生のお屋敷があったんですね。帰るときにいつも武吉先生のお屋敷の横を通って家へ帰るようなことでしたから、私は里の関係もあって親しい感じでしておりましたけれども、三木武夫さんという人は、そんなに誰とでも親しくなるような人じゃありませんでしたから。

石橋内閣について

小西　次に石橋湛山（首相）さんについてお聞きします。保守合同の後の総裁選において、岸信介（首相）、石井光次郎（衆議院議員。通産大臣・衆議院議長等歴任）、石橋湛山の三人が出てきて、武夫さんは石田博英（衆議院議員。内閣官房長官・労働大臣等歴任）さんと石橋を推すんですけれども、推す対象の石橋湛山さんについて、何か思い出みたいなものはありますでしょうか。

三木　私は三木と一〇歳違いますから、あんまり大人の話に加わったことはないんですけれども、石橋湛山という人は、私の里の両親と仲良しでございました。父が亡くなったのは五六でしたけれども、石橋さんは私の母が大変尊敬しておりまして、よく石橋さんの話も出ていました。頻繁に石橋家へも出入りするようになってからは、石橋さんのところへ伺うというと私もくっついてよく一緒にまいりました。

三木とも石橋邸へは一緒によく伺いました。特に病気になって世の中を引いてしまってからは、しょっちゅう伺いました。というのは、病気だといって引いておしまいになったんですけれども、なかなか頭はしゃんとしているし、本はしょっちゅう読んでいらっしゃいますから、翻訳ものが

石橋湛山と懇談する三木（1956年）

多かったんだろうと思いますけど、「三木君、こういうものに、こういうふうに書いてあるけれども、これはちょっと記憶にとどめておいたほうがいいよ」とか何とか、いろいろ考えたことを教えてくだすったんだと思います。親子ぐらいの年の違いはあったんでしょうね。

小西　湛山さんは一八八四（明治一七）年生まれですね。

三木　父と石橋さんと二人座っている写真があって、そこのどっちかの膝に私がちょこんと入っている写真がありますから、きっと五つ六つのころから抱っこしていただいたり何かして育ったんだろうと思います。

小西　最初の自民党総裁選で、岸、石井、石橋の三人が出たときに、武夫さんが石橋を推した理由については、何か想像されるものはありますか。

三木　やっぱり考え方が非常に似ていたんだろうと思いますね。

小西　経済政策という意味ででしょうか。

三木　はい。どう見ても岸さんと一緒に行こうというタイプでもないし、どう考えてもやっぱり石橋さんと一緒にという……。第一、あの先生は非常によくものを書いて、ご自分の雑誌（東洋経済新報）に毎回書いていらしたそのことが、きっと三木には大変勉強になったんだと思います。

小西　一緒に石橋湛山を推した石田博英さんについて質問したいのですが、博英さんのイメージといいますか、どういったものをお持ちでしょうか。

三木　バクさんという人は、バクさん、バクさんと言うように、ほんとに茫洋とした、何か突き詰めて細かくものを考えるという質ではないんですね。三木と正反対で、だからかえって一緒に仕事がしやすかったのかなと思います。

小西　それこそ博英さんは、吉村（正・早稲田大学教授）先生に連れられて、武夫さんの選挙応援に学生時代に来たのが初めということですが。

三木　そうそう、学生服を着ていたのが途端にモーニングコートか何かで、お父様のお古か何かわかりませんけれども、モーニングを着て現れて演説して。学生のくせに、ともかく一生懸命背伸びしているような感じで、大言壮語するし、おもしろい人でした。

小西　石橋内閣は短かったんですが、石田官房長官に武夫さんが幹事長ということで、おもしろいコンビになるのかなと思ったんですが。

三木　あれ惜しかったですよね。石橋さんが病気してもやるつもりでいらしたら、べつにすぐに病気が悪くなったわけではないんですから。でも石橋さんという方が、そういうあっさりした人で、ここで辞めると言ったら辞めるという感じの方でしたね。

小西　石橋さんが辞めるときの退任の辞を武夫さんが書いたとも言われてますが、これは事実なんですか。

三木　はいはい。「はいはい」なんて言っちゃいけないのかもしれませんけれども（笑）。彼が書きました。石橋さんのほうが名文をお書きになったかもしれないけれども、そのときは石橋さんが直接お書きになる体調ではなかったんだと思います。

小西　もう少し石橋内閣が成立のころのお話をお聞きしたいのですが、石橋さんが出てきたときに、松村・三木派だけが最初石橋さんを推していたと聞きます。松村謙三についてお聞きしたいのですけれども、松村謙三さんという方に対して、武夫さんはどういうところに引かれていったのでしょうか。

三木　ともかく松村先生という方が非常に理論派でいらしたから、三木とそういう点で合うんじゃなかったでしょうか。

小西　松村さんって、どういうイメージの方でしたか。

三木　私もしょっちゅう松村先生のお宅へは伺ったんですけれども、非常にきちんとしたね。半分学者みたいな感じの人でしたよ。荻窪よりももうちょっと東に寄ったところに住んでいらして、ときどき私も三木と一緒に伺ったりしてましたけれども、松村先生という方はいつもきちんと和服を召して、どっちかというと窮屈な堅苦しいような感じに見えましたけどね。

小西　松村・三木派が石橋湛山を推したことに加えて、そのあと大野伴睦（衆議院議員。衆議院議長・自民党幹事長・副総裁等歴任）さんが石橋湛山さんを推すようになって、それで石橋勝利といいますか、総裁の誕生になったというわけですけれども、大野さんというのは森家と相当親しかったんでしょうか。

三木　そうですね。父はもう亡くなって何回忌か何かの法事をするときに、彼が出てきて演説をしたんですね。父が選挙費用を出したというので、それで大いに助かったという話でした。森さんのお世話でもって当選できたということを、誰はばかることなく。もちろん私の父が政党政派に属していたわけじゃなし、一介の実業家ですから、大きな声で言っても恥ずかしくもなかったんでしょうけれども、森さんの世話で当選したということをしきりにおっしゃってました。

小西　我々からすると、大野伴睦さんと武夫さんというのは、ある意味では性格的に全然違う。

三木　全然違いますね。

小西　明治大学からすると、伴睦さんは明治大学を途中で辞められてはいますが、明治と関係があるということで、お二人の接点はほかにあるものなんでしょうか。

三木　あまり接点のない人たちですね。私は父のところにいましたから、大野さんのこともよく聞いていましたし、お使いにも行ったり、それこそ「大野さんのおじちゃま」とか言っていたんですけれども、三木のところに来たら、もう代議士先生方は対等の立場になって、おじちゃまじゃなくなってきたから。

小西　武夫さんが、大野伴睦について何か語っているというようなご記憶はありませんか。

三木　あまり敬意を表していなかったんじゃないですか（笑）。

小西　石橋内閣のときに武夫さんが幹事長をされておりますが、そのころの思い出はありますか。日本の政界がずっと戦後変わり続けてきたわけですけれども、保守合同という中での幹事長というと非常に重い役割ですよね。

三木　私はそのころは子育ての最中だったので。自分の子どもだけじゃなくて、大勢学生を育てておりましたから、その学生たちに手が取られて私自身、自分のやりたいこともやれずに……。

竹内　石橋内閣では閣僚が松村・三木派からけっこう出ていまして、井出さんとか、松村さんは、いずれまたお話を伺えると思うんですが、宇田耕一（衆議院議員。経済企画庁兼科学技術庁長官等歴任）さんが入閣しています。

三木　宇田さんとは仲良くしておりました。私どもは選挙が済むと、船でなければ東京に出てこれないわけですね。小松島の港から天保山へ船が着くと、夜明け方の霧のびっしりまいているときに、黒い影が港に立っているんですよね。こんな朝早くに来ていらっしゃる人があるんだわと思ったら、それが宇田耕一先生で、初めてそこで三木と握手して、これから一緒に行こうという約束ができて、そして大阪のホテルだったか、神戸のホテルだったか、どこかで朝ご飯を食べながら意気投合したわけです。私は、そのボワーとした靄の中に一人スマートに立っていらっしゃる姿を思い出すと、絵みたいなとっても美しい姿でしたから、その後も宇田さんというとその光景を思い出します。

竹内　宇田さんのほうが三つか四つ上だったと思うんですが。

三木　ほんの少しお年上で……。

竹内　武夫さんの右腕というのか、そういう存在だったわけですね。

三木　とっても三木も頼りにしていたし。

竹内　そのあと早くに亡くなってしまいます。

三木　そうなんですよ。でも、宇田夫人や、宇田さんのお嬢さん、息子さんと、いまだに仲良く私はしております。郷里も近いですからね。徳島と高知は隣り合わせですから。

小西　さっきの松村・三木派もそうなんですけれども、派閥ということに対して、武夫さんはそのあと派閥解消を訴えられてずっとやられてこられて、歴史に残る業績の一つだと思うんです。そういった中でも逆に松村・三木派あるいは三木・松村派、そしてそのあと三木派という形で、派閥が必要であったということも事実ですよね。これは主として若い人たちが集まってきたわけですよね。

三木　そうですね。集まってきたというんでしょうね。派閥というよりも、何となく若い代議士さんたちが集まって、後は井出先生と二人でやってましたから。

小西　グループを維持するには相当お金がかかったかと思うんですけれども、そういったのも家計からですか。

三木　そうですね。三木が稼ぐわけじゃないですから。そのころのことで、そんなにみんな贅沢をしませんでしたから、何とか暮らせたんだと思います。若い人たちの結婚式でも何でもその事務所でいたしました。余分なお金をよそへ払うことはないというので、全部自分たちの手製で、あそこで何人か結婚しました。

小西　武夫さんから見て、ほかの派閥の人たちというか、派閥自体について何か発言されていた記憶はありますか。

三木　いろいろ聞いていたんでしょうけど、みんな右から左へ飛んでいってしまって。

小西　特に保守合同の直後は、八個師団とマスコミが言いましたように、みんな有力者が派閥をつくっていくという時代の中で、いろんなしのぎあいがあったと思うんですけれども、こんなことじゃだめだというようなことというのは特になかったですか。

三木　保守合同というか、三木派が新しい派閥に一緒になろうというときに、私どもはまだ吉祥寺に住んでいましたから遠いんですけれども、先生方がよく通ってきてくださって、ああでもない、こうでもない、いろいろおっしゃってましたね。河野金昇先生なんかはしょっちゅう来て、河野さんにねだられて新しい派閥ができたかというような感じが、私はしていたんですけれども、河野先生も早く亡くなったし。

岸内閣時代

小西　次は、岸内閣時代の話に移りたいと思います。岸内閣のときに警職法案を出されて、一九五八（昭和三三）年一二月、灘尾弘吉（衆議院議員。文部大臣・衆議院議長等歴任）文部大臣、池田勇人（首相）国務大臣、そして経済企画庁・科学技術庁長官を務めていた武夫さん、三人そろって辞表を提出されるということが起きます。このとき何か相談されたとか、そういうお話はありますか。

三木　私は政治的な相談相手になるほど力があったわけではないものですから、一歩退いて見ていただけで、相談など何もしてくれるような……。頼りにされていたとは思いませんけれど。

小西　そのころ三人で何か話し合いをしているなとか、そういうご記憶は。

三木　動きはしょっちゅう見ておりますからわかりましたけれども。

小西　やっぱり岸はだめだというようなことはおっしゃっていたんですか。

三木　あいつはだめだとか、こいつはいいとかというふうに、人の名前をあげつらって言うことをしなかった人です。

小西　池田勇人、灘尾弘吉、こういった方々に対する思いみたいのは、何かおありですか。

三木　池田さんも、灘尾弘吉先生も、三木は大変信頼していたんだと思います。だからひとつも悪くは言ってません。池田さんが病気を抱えて苦労していながら、自分が胃潰瘍の手術をするんですね。池田さんに「胃潰瘍の手術をしますので、一月ほど休みをいただきたい」と言ったら、

「君は胃潰瘍か。僕もガンか」とか何とかいうようなことを、ちらりとお漏らしになったというので、これは内緒だよって私に。だから池田先生もガンを抱えて辞めるとか辞めないとかって、ずいぶん苦労なすったんだと思います。そんな中だったから、三木の胃潰瘍も疑惑に包まれて、はたして胃潰瘍なのかと（笑）。

小西　安保の話に移りたいと思いますが、一九六〇（昭和三五）年五月一九日の安保条約の強行採決が国会で行われたときに、三木・松村派のメンバーは河野一郎派とともに欠席をするんですけれども、武夫さんは安保条約に対してはどういうお考えをお持ちだったんでしょうかね。

三木　私、あまり三木といろいろ話をしてないというか、子育て最中ですし、第一学生たちを育てるので、あんまり言ってなかったのか、私が気にとめてなかったのか。武夫自身は、あのときの採決の方法には反対だったんだと思いますね。

竹内　矢部貞治（政治学者）さんの日記に出てくるんですが、採決の直後ぐらいに、武夫さんが松村謙三ともども脱党すると矢部さんに言って、「まあ、ちょっと落ち着け」というようなことを言われています。睦子さんに対しては、俺は党をやめるというようなことはおっしゃっていませんでしたか。

三木　とは申しておりませんでしたけれども、あのあとすぐに岸さんが箱根にこもっていらして、建白書みたいなのを書いて持っていって、岸さんに突きつけたりというようなこともありましてね。大きな声で「安保反対、安保反対」は言いませんでしたけれども、確かに反対の意見でいろいろ動いていたと思います。

竹内　岸さんと合わないというのか、どういう……。

三木　戦争遂行をやった人が出てきて戦後の処理をするというのは、どうも私などが見るとおかしいなことだなと思うんですね。それは夫とは意見が違うかもしれませんけれども。

竹内　これより少し前に改進党のときも、同じく戦犯だった重光さんが戻ることも、やはり武夫さんは反対されていて。それは戦犯に対する意識というか、反発というか、そういったものをお持ちだったんですか。

三木　狭いあれですけれども、自分は常に潔しとして動いてきているから、ひと様のいろんな、あっちへ動いたり、こっちへ動いたりするのが気に入らなかったんだと思います。でも一言も言いませんでしたけど。

小西　睦子さんは、岸とは何度もお会いになっていますね。どういうイメージの方でしょうか。

三木　岸さんって非常に細やかに心を遣う人でした。徳島で素人ですけれども庭にいっぱいバラの花を栽培している人がいて、これが花屋さんで売っているバラとは全然違うんですよ。美しくて、生き生きしていて。私は、岸さんが病気で寝ているというので、どうせお見舞いするのならば、東京の街で買うよりもと思って、徳島へちょっと電話かけて「お宅のお花ほしいわ」って言って。それを持って岸さんの病床へ伺いました。そしたら、そのあと何年ものあいだ、ご本人はもちろん「あなたのくだすったお花、美しかったねぇ」とか、「いい匂いがしたねぇ」とか言ってくださるし、男の秘書も、女の秘書も、会うたんびにお礼をおっしゃるんですね。それで私は、岸さんが戦犯だなんて言われながら、こうやって生き抜いてきたのは、こういう心遣いがあるんだなと思って感心したんです。

小西　岸が戦前やっていた護国同志会というのがあって、そこに安倍寛さんとか、赤城宗徳さんとか、武夫さんとも非常に親しい人たちも入っていらっしゃったんですが、安倍さんや赤城さんというのは、やはり岸の魅力みたいなものに引かれていたんでしょうかね。

三木　そうでしょうね。

竹内　商工委員のとき、岸さんは大臣をやっていましたね。

三木　一九四四（昭和一九）年の初めに商工省に関係していましたね。

竹内　椎名悦三郎（衆議院議員。内閣官房長官・外務大臣・自民党副総裁等歴任）さんも次官でいて、特に商工政策などでは接点はもちろんあったわけですね。

三木　はい。

南原繁・丸山真男との交流

小西　ところで安保の前後、南原繁（政治学者）さんとか、丸山真男（政治学者）さんとか、そういう研究者・学者の人たちと交流がかなりあったように聞いているんですが、何か思い出はおありでしょうか。

三木　丸山さんは吉祥寺に住んでいたときに、すぐ近くだったんです。西荻窪の駅でお降りになると途中なものですから、ちょっとお寄りになって。お寄りになると話が長くなって、一時間、二時間しゃべってというようなことでしたから。三木も散歩のついでに先生のお家へ上がり込んで、おしゃべりをして帰ってくるということがありましたし、丸山先生とは年は違うと思うんですけども、とっても仲良くしておりました。

南原先生とは、私どもが目白に住んでいたとき、この寒いのにお炭にも困っていらっしゃるのじゃないかといって、私どもも余分にあるわけではないんですけれども、三木が炭の俵を担がせて南原邸へ上がり込んでおしゃべりをして帰ってきたりしたこともありました。戦後吉祥寺へ引っ越しましたら、今度は南原先生のほうが、「ちょっと友だちの家へ来た帰りで、あなたが何しているかと思って寄ってみた」なんておっしゃって、私のところへ訪ねてくだすったりして。それはたぶん丸山真男先生のお家にいらしたんだろうと、私は察したんですけれども、南原先生もすごく私にも優しくしてくだすって、たまにお寄りになると、「やぁ、きょうは三木君に会いにきたわけじゃないんだから、いなくてもいいよ、いいよ」と言ってお上がりになって、おしゃべりしてくだすったりして。昼間いらしたって、三木がいるわけがないですから、わかっていて寄ってくだすったりしましたね。丸山先生が病気がちで、ご自分は出ていらっしゃれないという時期があったんですね。だから南原先生のほうから丸山先生を訪ねたんだろうと思いますが、丸山さんのところへ行ったとは一言もおっしゃいませんでしたけれども、西荻窪の駅から降りたり乗ったりなさるのは、ほかにどこへ行くわけでもないと思いますから、南原先生と丸山先生とが私はすぐに結びついて考えられたんです。

竹内　南平台に移られてからも、丸山真男さんはいらっしゃっていたんですか。

三木　来てくださいましたね。ここでゆっくりとご飯を食べて、おしゃべりをして、お座りになると「奥さんもいらっしゃいよ」と言って、私も呼んでくだすって、いろいろお話を聞かせてくだすって。

竹内　丸山さんが番町のほうにいらっしゃるということはございましたか。

三木　あったんじゃないかと思いますね。

竹内　電話をかけて、いまから来てくれとか何とかという連絡を。

三木　そうですね。

竹内　武夫さんはほかの人の番号を覚えていなくて、睦子さんがノートを持ってきてかけていたということが書いてあったんですが。

三木　そうそう。自分で番号を覚えたり、書きとめておくこともしませんでしたね。家にいれば誰かが用を足してくれると思い込んでいて、大変わがままな人で（笑）。

竹内　丸山さんのところへもお電話をかけたことはございますか。

三木　はい。やっぱり私が電話は。一人息子の癖なんでしょうかね、何もかも親がしてくれたんだろうと思います。アメリカに何年もいたんですから、たいていの用事は自分でしそうなものですけれども、それをしなかったというのは、どこか甘えていたんでしょうね。

七　池田内閣時代

一九六〇（昭和三五）年七月、第一次池田勇人内閣が日米新安保条約批准を機に総辞職した第二次岸内閣のあとをうけて成立した。池田内閣は「寛容と忍耐」をモットーに低姿勢で動き出した。同年一一月には第二九回総選挙が行われ、三木は一〇回目の当選を果たすとともに、自民党は二九六議席を獲得して翌一二月に第二次池田勇人内閣が成立した。

池田内閣は一九六〇年一二月に所得倍増計画を閣議決定。これは、国民総生産を七〇年までの一〇年間で二倍にしようとする経済政策であった。この計画により、社会資本の充実、産業構造高度化への誘導、貿易と国際経済協力の促進などが推進された。国民所得倍増計画は、実際には七年間で達成された。しかし、経済成長の一方で、物価上昇、公害問題などの弊害も生んだ。

池田内閣は一九六一（昭和三五）年七月に内閣改造を行い、三木は科学技術庁長官、原子力委員長として入閣した。三木は原子力委員長に就任後、有沢広巳、石川一郎と相談し、毎日曜日に原子力の専門家からレクチャーを受けていた。同年九月にはオーストリアのウィーンで開催された国際原子力機関第五回総会に日本政府代表として参加した。三木は、一九六二年四月から五月にかけて農林大臣河野一郎の海外出張不在中の臨時職務を行う国務大臣に指名された。また、同年八月には永年勤続議員として第四一国会にて表彰を受けた。

三木は一九六三（昭和三八）年四月に、シンクタンクとして中央政策研究所を設立した。同研究所は、後に三木のライフサイクル計画を策定することにもなった。三木は同年一一月の第三〇回総選挙で一一回目の当選を果たし、翌一九六四年七月には自由民主党幹事長に就任した。しかし、同月末には胃潰瘍と胆嚢の手術を行うなど健康上の不安も出てきた。

（秋谷紀男）

池田勇人との関係

小西　池田内閣時代のことをお聞きいたします。池田内閣成立に関して、当初武夫さんは石井光次郎さんのことを推していたわけですけれども、石井さんに対して何か思い出というのはありますか。

三木　石井先生とあまり直接いたことはなかったと思いますけれども、尊敬しておりました。奥様とも、お嬢様とも仲良しでした。

小西　池田さんを囲む財界人グループで、東京電力の木川田一隆さん、昭和電工の安西正夫さん、三井不動産の江戸英雄さん、野村證券の奥村綱雄さん、こういった人たちを武夫さんは紹介されて勉強会を開いていたと聞いています。

三木　みんな私の里の兄弟みたいなのばっかりですから。

小西　改めてご紹介される必要もないような感じですよね。そうすると逆に池田さんに紹介されたのか、あるいはそれこそそういうグループと必然的につながったということなのか。

三木　そうだと思います。

竹内　安西正夫さんは公職追放になっていますね。追放解除に向けて江戸さんと安西浩（東京ガス社長）さんと武夫さんが尽力したと。そのときに池田勇人さんにも協力してもらったというお手紙が、ご寄贈いただいた資料の中にあったんですが、この経緯をお聞かせいただけますでしょうか。

科学技術庁長官時代

三木　池田さんはともかくとして、安西兄弟、浩・正夫、あそこは男二人しか兄弟がいないんです。下の正夫のほうへ私の姉が嫁に行ってます。三つ、四つのときから許嫁だったという話ですけど。浩兄はこの近くに住んでおりました。行き来もしょっちゅうあって、いまだに兄嫁とは仲良くしております。安西の正夫さんの家の隣のマンションに住んでいますから、しょっちゅう電話かけたり行ったり、一緒に土をこねたり。私がちょっと年が離れているものですから、可愛がってか、かわいそうだと思ってくださるのか、細かい面倒をよくみてくれる人でした。江戸さんだとか、同じグループでしょっちゅう行ったり来たり。

竹内　武夫さんは、こういう人たちとは占領期からお知り合いだったわけですか。

三木　どうかわかりませんけれども、私の里の兄たちと仲良しでした。

竹内　池田さんと武夫さんというのは最初の接点はどこにあるんですか。

三木　さあてねぇ。やっぱり国会で行き来している間にウマが合ったというか、考え方が似ているというのがわかったんじゃないんでしょうかね。私は、ちょっと年の離れたお兄様ですから、そばへ行っても何か話があるわけでもなし、ただ「むっちゃん、おいで、おいで」というような仲ですから、一人前に扱ってもらっていたわけではないんです。私は、三木とも一〇歳違うし、鳩山さんのところへ行ってもまるで子ども扱いだったし。

小西　池田内閣のころの話ですが、池田内閣のとき二度目の科学技術庁長官をされて、なかでも原子力委員長をされます。被爆国ということもあって、当時においては原子力というと、それだけで国民の中にもアレルギーみたいなのがあったように思うんですけれども、何か思い出がおありでしょうか。

三木　彼は自分が科学とか何とかというのを若いころに勉強してないから、かえって議員になってからずいぶん本も読んだり、先生方を訪ねて聞いたりして、わりに思いもかけない知識を蓄えていたんですね。もちろん兄弟たちも手伝ってくれましたし、わりあい文化系の人間にもかかわらず科学的な分野へも気を配っていたと思います。

小西　家で科学の話をされるとか、そういうことはありましたか。

三木　家ではいたしませんでしたね。家へ帰ってくるときにはへとへとにくたびれ果てて、夜中になっていましたから。

小西　池田内閣のもと所得倍増計画とか、全国総合開発計画とか、かなり経済的には積極財政をとっていくわけですけれども、その反面、過疎・過密の問題とか、公害問題とか、いろんなものが起きてくる時代でもあります。光の部分と影の部分といった問題が出てくることに対して、武夫さん自身はどういう受けとめ方をされていたとお思いでしょうか。

三木　どうだったでしょうね。あれやらこれやら考えていたでしょうし、一橋大学や東大や何かの先生方にしょっちゅう来ていただいて話を聞いたりしていましたから、彼自身はいろんな知識を蓄えていたと思いますけれども。

中央政策研究所の設立

小西　それはブレーングループの中央政策研究所（一九六三年四月設置）になっていくものなんでしょうけれども、当初は武夫さんのほうから訪ねて行かれたんですか。

三木　中央政策研究所ということで、しょっちゅう来ていただいて、集まりをもっていたと思います。

小西　武夫さんがそういう研究所をつくろうと考えられた動機というのは、経済の動きと密接に関わっているのでしょうけど、どういったことが考えられるのでしょうか。

三木　彼は、ＴＢＳの隣にあった赤坂の事務所時代からそういう方面の学者の先生方を呼んで、しょっちゅう話を聞いていましたし、あそこを手放して今の四谷の事務所へ移ってからも、ひと様の知恵を借りるというのかしら、一生懸命でしたから、引っ越した当時、初めてあそこでガルブレイス（経済学者）さんを呼んで講演会をしているんですね。そのときに同時通訳の機械を持っておりました。そのころ政治家で自分が同時通訳の機械を持って仕事しているというのは初めてだろうと思うんですよ。そういう新しいこと、便利なことには時間も費用も惜しまないで一生懸命でした。

小西　個人的にある先生から何か聞くということはあっても、これだけ大規模に組織するというのは、今もあまりないと思うんですね。それは武夫さんのどういう性格といいますか、特性なんでしょうかね。

三木　明大へ入ってからすぐにアメリカへ行って、ヨーロッパをぐるっと回ってきて、またアメリカへ戻って、アメリカで勉強したわけですけれども、国会議員として誰もやってないような知識を自分が蓄えるというのじゃなくて、知識を蓄えるすべを整えて、いつでも使えるようにしたというのは、彼が初めてなんだろうと思うし、その後もどなたもそういうことをしていないと思うんです。ガルブレイスさんの講演にしても自分が聞くだけじゃなくて、みんなにも聞かせていたということは、私は画期的なことだと思うんですね。

小西　非常におもしろいやり方ですよね。

三木　もし三木がもっと国会の中で有利な立場にいたら、そういうことがとっても便利で重宝で、しかも国のためになったんだと思うのに、あいにく派閥は小さいし孤軍奮闘だったんだと思うんですね。

小西　中央政策研究所ができる前の年に武夫さんは、通称「三木答申」と言われる、党組織の調査会の会長に就任されて、その翌年に中間答申、最終答申を出されて、党の近代化と派閥解消ということを訴えられるのですけれども、この作業を行われる過程をご存じですか。

三木　自分の事務所の一番上の部屋を中央政策研究のために充てていたんです。一生懸命考えて苦労して論文をこしらえて、閣僚の皆さんに配ったら、「はい、承りました」とポケットに納めてしまって、誰もそれを読もうともしなかった。これは日本はとてもこれから発展していかないのじゃないかと思ったという話をしてました。もう少し国会議員の人が勉強する気があったらば、もっともっといろんなことに日本は発展できるのじゃないかと思っていたみたいです。

小西　三木答申というのは、やっぱり武夫さんが中心で書かれたということなんですかね。

三木　まあ、そうですね。知恵は、あっちこっちから引き出してきたでしょうけれども、誰かが考えてこうしてくれたということはないと思います。

小西　これは画期的です。今も日本社会というか、日本の政治が抱えている大きな問題ですので、もっともっと研究する必要がある答申だと思います。

村松　同時通訳のお話が出ておりましたけれども、國弘正雄（同時通訳者。参議院議員）さんというのは同時通訳の線から。

三木　通訳は私の兄たちが、つまり昭和電工や日本冶金なんかの社長をしていた兄たちが相談して、昭和電工で働いていた同時通訳の人を回してくれたんです。そしたら、その人はしばらく一生懸命やってくれたんですけど、「もう息が切れて、僕は体がもちません。ちょっと入院させてください」なんて言って辞めて、昭和電工へ帰っていっちゃったんです。それで、それじゃ三木が困るだろうから後を追ってまた、昭和電工の関係から國弘正雄さんという人が来たんです。ところが、國弘さんは逃げていかないで、ずっと今でもやってくれております。

小西　中央政策研究所ができる前に、終戦間もないころ総合政策調査会というものをつくられています。土屋清（経済評論家）さん、平沢和重さん、有沢広巳（経済学者）さん、大来佐武郎（経済学者。外務大臣）さん、こういった方々についてはいかがでしょうか。

三木　三木が時間がないものですから、外でばっかりそういう先生方の話を聞く暇がなくて。家でもお話を伺いたいということで、しょっちゅう家へも来ていただいていたものですから、先生方のお話はよく私も一緒に聞かせていただいておりました。丸山真男先生もよくおいででした。

小西　総合政策調査会のころ、東京銀行会長を後にされる堀江薫雄さんは徳島出身ということで。

三木　そうだと思いますね。徳島の社会って狭いですから。

小西　総合政策調査会のころ、主に中心となっておられたような方っていらっしゃるのですか。

三木　いたと思いますよ。

小西　みんなビッグネームですし、皆さん一緒に仕事されている方ばかりなので、どこでどうつながっているというよりも、全体が一グループなんでしょうけれども。

　中央政策研究所ができたときに、稲垣平太郎（参議院議員）さんが初代の理事長をされるのですが、稲垣さんに決まった経緯みたいなのは何かあるのですか。

三木　存じませんね。私、何しろ子育てをしてましたので。

小西　総合政策調査会の人たちは、ほぼ横滑りですよね。

三木　そうそう。両方にまたがっている人もいましたからね。

小西　加藤寛（経済学者）さんとか、稲葉秀三（経済評論家）さんとか、大来佐武郎さんとか、ずっと続くということですね。

三木　大来さんの奥様は、今でもここへしょっちゅう見えますし。

竹内　新政策研究会という会を立ち上げますよね。これは文字どおり政策を研究していって、ただ総裁になるということを意識していたのか、それとも純粋に政策を考えていたのか。

三木　勉強会でございましたから、政治とは関係ない学者が多かったと思います。

竹内　事務長に平川篤雄（衆議院議員）さんが就いています。

三木　元代議士だったんです。師範学校の校長か何かだった人なんですけれども、東京へ出てきて家がなくて、私はずいぶん長いこと一緒に住んでました。最初は学生さんの下宿屋だったんですけど、そのうちおじさんたちの下宿屋までしてました。平川さんとか、川越博代議士だとか、まだいましたね。

竹内　軽井沢で研修会をやるようになったのは、このあたりですか。

三木　わりにすぐですね、軽井沢学校というのは。

竹内　やはり政策研究所の延長というか。

三木　そういうことですね。川越さんだとか何だとかみんな、代議士に立候補しようかしまいかと相談に来るころから軽井沢学校はやってましたから。

竹内　軽井沢学校に参加されて、立候補して代議士になったという方がけっこういらっしゃるんですね。

三木　そうそう。

後継総裁の選定

小西　池田内閣が退陣するときに、三木さんと川島正次郎（衆議院議員。国務大臣・自民党幹事長等歴任）副総裁が調整にあたっているんですけれども、そのときの総裁候補であった河野一郎（衆議院議員。農林大臣・建設大臣等歴任）さんと藤山愛一郎さんについて、思い出をお聞かせ願えたらと思うんですが。

三木　河野洋平（衆議院議員。新自由クラブ代表・自民党総裁・衆議院議長等歴任）さんのお父さんですね。河野一郎さんは、私どもよく真鶴へ通うんですけど、真鶴へ通う途中にお家が見えるところに住んでいらしたんです。私の兄が早くから河野派で、一郎先生に可愛がっていただいていたんです。それから清和会というグループがありましてね。それは女ばかりですけれども、鳩山薫先生を会長にして、河野さんの奥様だとか、私だとか。よく一緒にくっついて歩いていたんです。

河野さんは、けっこう三木も親しくしてしょっちゅう行ったり来たりしていましたけれども。あるとき私、映画の試写会にひょいと行ったら、控え室に河野さんがいらしたのでハッとして、そこでご挨拶したら、その隣に詰襟の洋服を着た坊やがいて、息子さんだとおっしゃるんですね。「あなたも、いまに河野先生みたいに国会へお出になるんですか」って言ったら、照れたような顔していらっしゃいましたけど、それが河野洋平先生と出会った初めなんです。お父様とはしょっちゅう鳩山邸でも会ってましたから。息子さんと、その初々しい早稲田の詰襟姿で初めてお目にかかりましたけど、そのときにお供についてきた県会議員が、「いまに坊ちゃんは河野一郎先生をしのぐような大政治家になると思う」と。それだけ透徹した政治感覚を持っているということを、県会議員がしゃべってましたね。河野さんのお屋敷へは私もしょっちゅうお呼ばれして行きますし、お母様が亡くなったあとも、あそこのお家で追悼会をしたり何かしておりました。

藤山さんは、私どもが結婚するときに仲人をしてくだすった結城豊太郎さんの女婿なんですね。だからそのころからのお付き合いでございます。三木は三二、三歳になっていたかしら。私はまだ二〇代になったばかりでしたから、ずいぶん年が離れているので、藤山さんの奥様のご両親が私どもの仲人でしたから、お目にかかるといつもあちらは「睦子ちゃん、睦子ちゃん」っておっしゃってくださって、私は大先輩として敬意を表していたんですけど、まさか藤山さんが国会に出ていらっしゃるとは思いもしなかったです。家庭的に親しくしていたものですから、睦子ちゃんとして見れば、藤山のお姉様というような感じで、会うとつい「お姉ちゃま」と言っちゃうんです。藤山さんが政界の一人の候補者としていらしたというのは、私にしてみればびっくりするような事件だったんです。

小西　ポスト池田の中で武夫さんが、河野一郎、藤山愛一郎、そして佐藤栄作（首相）、それを調整されるわけですけれども、それについて何かご記憶の点はありますか。

三木　なんか忙しそうにしてましたねぇ、あれやらこれやら。そのときはいろいろあったんでしょうけど、みんな忘れてしまって。

竹内　ご著書では、フルコース料理ばかり食べていたというエピソードを披露されています。

三木　何をしたのやら、今では……。

竹内　調整にあたった川島正次郎さんは千葉の代議士で、戦前からお知り合いで、お父様が政界同士で。

三木　父が早く亡くなりました。五六でした。だから亡くなったのは戦争が始まる前でございました。代議士先生方は、戦争に荷担しちゃったみたいなことなんですけど、私の父は平和主義者で戦争反対でしたから、こんなときに生きていなくてよかったなと。むしろ生きていたら、ずいぶん苦しい立場だったんじゃないかなと思うようでございました。三木も戦争には反対して、いろいろ官憲につき狙われて苦労していたんですけれども、三木の場合はまだ若うございましたからね。父は仕事がどんどん大きくなっているさなかで亡くなってしまって。

八　佐藤内閣から田中内閣成立まで

池田が病気を理由に総辞職し、佐藤内閣が成立した。一九六四（昭和三九）年末に成立したこの内閣の在任期間は約七年八か月に及び、日本の内閣史上最も長い。その間、日韓基本条約批准、公害対策基本法制定、非核三原則提唱、大阪万博開催など多くの業績を残したが、中でも小笠原と沖縄返還の道筋をつけた意義は大きい。池田の下で幹事長であった三木は、川島正次郎副総裁と共に佐藤擁立に努め、内閣成立後も引き続き幹事長を務めた。その後、通産大臣、外務大臣に就任。

二〇一一年二月に公開された外交文書によれば、六七年夏から沖縄返還を求める日本の事情を米国側に説明していた外相三木は、「佐藤首相の将来が危うくなる」と伝えている。ベトナム戦争中であることを理由に返還交渉開始に米国が難色を示していたことに対する発言であり、結果的に、一一月から沖縄返還交渉が始まった。当時は全共闘運動や公害運動など、反体制運動や住民運動が盛んであり、政権の不安定化は一九七〇（昭和四五）年の安保改定に支障をきたす恐れがあった。

六八年一〇月に三木は、佐藤に退陣を求めるとともに外相を辞任して、一一月の総裁選に佐藤の三選阻止を掲げて出馬した。その運動期間中に、同年夏から訴えていた、沖縄返還は「核抜き本土並み」であるべきことを改めて表明したところ、佐藤は「私と考えを異にする人を、つい最近まで外相にしていたのは私の不明だった」と応酬している。三木は独自のネットワークで、「核抜き本土並み」が可能であることを確信しており、結果的には三木の主張どおりとなる。

七〇年一〇月に二度目の総裁選に出馬を果たし、事前予想を上回る得票をする。この時期には「大衆を懼れる」「信なくば立たず」などの三木精神を明確にした言葉を多用している。七二年には周恩来の招きで中国にわたり、「極秘メモ」を交換し、日中国交回復の下準備を進めることになり、その実現を約した田中を後継総裁に選ぶのであった。

（小西德應）

通商産業大臣時代

小西　一九六四（昭和三九）年に佐藤内閣ができまして、武夫さんは幹事長を続投されて、そのあと通産大臣に代わられます。まず佐藤栄作さん池田勇人さんと、このお二人の違いについて、どういう感想をお持ちだったのかお聞きしたいのですが。

三木　佐藤さんは、三木が運輸大臣のときかしら、私どもの屋敷へ彼を伴ってきて、「お兄さんが戦犯だから、この人は大臣にはなれないんだよ」というような話を、佐藤さんの目の前で三木がしたんですね。そのころとしては、裁判にかかるとか何とかいうのは大変なことだったと思うんですけれども、それからそんなに長いことたたないのに大臣にもおなりになれたから、アメリカの締め付けというのがそんなに難しくなかったんでしょうね。三木が「大臣にはなれないんだよ」と言ったときに、佐藤さん自身も否定しませんでしたから、ご自分も残念がっていらしたんだと思うんですけれども、それからGHQの様子がどんどん変わったんだと思いますね。だって岸さんも帰ってきているんですから。

小西　連れてお見えになったのは、占領期間中わりと早い段階だったんですか。

三木　三木が逓信大臣ですか、あのときだと思います。彼は運輸省の次官をしていたんだと思います。

小西　佐藤栄作さんのほうも、兄貴がそうだからというので反論もせずに。

三木　あきらめていらしたんですけどもね。それでも後に大臣になれて、しかも総理にまでなれてね。終戦後の日本の状況というのは、毎日のように変わっていったような気がします。

小西　佐藤さんというと、おとなしいというか、むっつりした感じに国民からは見えるんですけれども。

三木　むっつりはしてましたけれども、そんなにしゃべることがいやじゃなくて、普通にお話をなさる人でしたし、奥様のほうは大変派手やかで何でもズケズケお互いに言い合えるんです。

小西　遠縁だそうですね。

三木　佐藤さんとはいとこ同士か何かでしょうね。

小西　寛子さんはいろいろ本も書いていらっしゃるのですけど、寛子さんはどういう……。

三木　寛子さんというのは、ほんとに開けっぴろげで、いいところのお嬢さんで育っているから、そんなにあっちやこっちに気兼ねをしないできっと大きくなった方なんだと思いますね。総理のお供をしていらっしゃるときに、そのころは飛行機はタラップを足で歩かなければいけなかったでしょ。私が先輩顔して「奥様、和服でお上がりになるから裾が広がってかっこ悪いので、洋服になさいませよ」とお薦めしたら、「えっ、そんなことしていいの」って言いなさったの。「ほんとにいいのかしら」って聞くから、「あなた様がファーストレディーなんですよ」って答えたこともあったんですけど、それからは旅行のときは洋服を召すということに。和服で旅行するというのはすごく大変なんですよね。

小西　一度、ミニスカートをはいているなんていうことも。

三木　ミニスカートの話は、階段を上がっていらっしゃるところを写真を下から写すでしょ。だからミニスカートに見えるんですよ。足の膝が見えちゃうんですね。それはたまさかそういうことであって、私は、そのたんびに奥様を擁護するんですけど。それは私のほうが先輩だと思っておりますから、当然言ってあげなきゃいけない話だと思っていたんですけど。年はあちらのほうが上かもしれないけれども、三木は佐藤さんがまだ次官にようやくなったころに逓信大臣などをしてましたから。

小西　下世話な話になりますが、遠縁ということは意識をされたものですか。

三木　私と佐藤さんですか。

小西　はい。

三木　佐藤さんと私とは遠縁といっても……、ちょっとわかりませんね。最近になって佐藤さんの息子さんが私の姪と結婚したなんていうことですから。

小西　池田さんと佐藤さんと比べると、池田さんはわりと国民に受け入れられようということを努力された人なんですが。

三木　そうですね。佐藤さんというのは、自分の地位を意識しちゃうというか。池田さんのほうは、すぐ地金を出すというか。

小西　これはご存じであればお聞きしたいのですが、佐藤内閣の一九六五（昭和四〇）年に日韓基本条約が結ばれまして、自民党の中ではどうするかというのでかなりもめます。そんなときに武夫さんがどんなふうに考えていらっしゃったか、何かご記憶ありますか。

三木　何て言っていたでしょうね。ともかく当然のことをしているというようなつもりでしたから、私に詳しい説明はしなかったと思います。当たり前みたいな顔してました。

小西　そのころ松村謙三さんは中国にシンパシーが強いものですから、韓国はやめたほうがいいと、わりと慎重論だったと思うんですが、そういった影響みたいなものは何か。

三木　松村さんはご自分の意見は意見だけれども、三木にまでその意見に従わせようというような態度はなさらなかった方なんです。でも、井出先生が松村先生のところにしょっちゅう伺っていたらしくて、松村先生がこうおっしゃってます、ああおっしゃってます、という話は聞いておりましたけれども、それに左右されることもないし、松村先生もまた、井出先生を通して何をしようということではなかったと思います。大人の付き合いというんですか。

小西　佐藤内閣の通産大臣のときに大阪万博の実行委員会の責任者になられて、実行委員会会長の人選などで石坂泰三（経団連会長。第一生命・東芝・アラビア石油社長）さんを連れてくるとか、ご苦労されたと思うんですが。

三木　あのときはほんとに苦労しましたよ。いろいろ言ってくる人もありますしね。三木もじっくりは考えていたんだと思いますけれども、反対なさる方があったりいろいろで。でも、結論を出して決めたときは、もう三木は通産大臣ではなかったんですよ。「せっかくあなたが苦労したのにチャンスを逸しましたね」って言ったら、「いや、そんなことはないよ。僕は日本の政治家だから」とか何とか言って、私はごまかされてしまいました。自分がこうと思ったことが通って、通ったときには自分は辞めなければならないし。不愉快じゃなかったと思いますよ。

小西　武夫さんは、通産大臣だったから実行委員会の委員長になったということですか。

三木　はい。そうでなくても一生懸命手伝おうとはしていたんだと思います。ちょうど会長を決めたときには辞めなければいけなかったんですけれども、自分がこの人と思った人に会長になってもらって辞めたのは、そんなにいやな話ではなかったと思います。

小西　石坂さんに白羽の矢を立てた理由は何かあるんでしょうか。

三木　昔から私の里と彼と仲良くしていたんですね。でも、三木はそれは知らないと思います。全然知らないと思いますけれども、この人こそと思ったんでしょうね。「おじちゃま、おじちゃま」って言っていろいろしていただいたりしたのを、私は覚えていますけど、三木はそんなこと知りませんから。知らないで、石坂さんぜひにということだったと思うんですね。

小西　石坂さんという方はどういった方だったんでしょうか。

三木　石坂さんというのは、すごく立派な人でしたね。何にしてもどっしりしていらして。何でしたかしら、石坂さんがエジプトにいるときに、英語で話さなければ通話を切ってしまうという時代に、三木が電話で会長をお願いしたら、向こうも「三木君の言うこと、ちっともわからなかったけど、まあそれでいいと言って返事をしたんだよ」というような話があって、何でも大きく抱擁してくださるスケールの大きな方だったんですね。

私は、亡くなった父のこともあって、昔から「石坂のおじ様」って言いたいような立場にあったんですけど、三木は全く懇意にもしていない相手でした。けれども、この人と思ったら食らいつくというような感じだったんじゃないかと思います。

小西　石坂さんは、わりに政治に距離をおいていらっしゃったという……。

三木　そうなの。でも、三木が二度目に総裁選で旗揚げをしたときに、憲政記念館へわざわざ石坂のおじ様が来てくだすったりして、「石坂さんが三木さんに動いたよ」っていうようなことで世間がびっくりしたようなこともあったんですけれども、私の里との関係ではないんですよ。

小西　大阪万博の思い出は何かありますか。

三木　そのころ何で出にくかったのかしら。三木が名前だけ付けたあとで通産大臣を辞めたものですから、開会式の日には下のほうに三木と並んで座って、会長さんはどなたがなすったんだか忘れちゃいましたけれども、でも偉そうな席には三木は座ってませんでした。でも開会できてよかったなという。しかも、いろいろ理想を注ぎ込んだんですよね。ここで日本が売り出さなければいけないという時期だったんだと思います。必死になって、あれもこれもと自分の考え方を注ぎ込んだんじゃないのかな。いよいよ幕開けのときは席を降りなければいけなかったんですけど。

竹内　そのあと都知事になる鈴木俊一（内務官僚・東京都知事）さんなども万博の実行委員の副委員長で入っていたと思うんですけれども、このときに知りあったのでしょうか。

三木　どうだったでしょうね。恥ずかしいことにみんな忘れてしまって。

小西　武夫さんが万国博で苦労されていた一九六五（昭和四〇）年のことですが、ベトナム戦争のことで、ドゴールとか、コスイギンさんとお会いになっていらっしゃいますが、ベトナム問題について武夫さんはどういうふうに考えていらっしゃったか、何か覚えていらっしゃいますか。

三木　いろいろ語ったんでしょうけど、私のほうがキャッチしてないんですね。ベトナムのことはいろいろ聞きましたよ。でも、何を聞いたのかしら。覚えてませんね。

小西　一九六五年は、結婚二五周年で銀婚式を迎えられる年なんですが、何かお祝いみたいなことをされたご記憶はありますか。

三木　私は「銀婚式だ、銀婚式だ」って言ったんですけど、彼はケロッと忘れちゃっておりましてね。誰と結婚したのかって（笑）。私はプンプン言って怒ったんですけれども、遂に「あなたは誰と結婚したのよ」って。たまたまその日、私どもが結婚式をした日に、何か大きな会が総理官邸かどこかであったんですね。私は長いイブニングドレスを着て三木と一緒に行って、喧嘩しながら帰ってきたら、息子が「きょうは記念だから写真だけでも写しておこう」って言うのに、私はプンプンしていて、彼はケロッとしている。でも写真だけは撮りました。だからいやに改まった黒いロングドレスを着て、三木は燕尾服か何か着て、いかにも記念日みたいな顔をして撮っているんですけれども、中身は喧嘩（笑）。

小西　結婚記念日とかそういうのはなかったんですか。

三木　あんまり気にしませんでしたね、あの人は。誕生日とか、結婚記念日とか、そんなことを全然気にしませんでしたね。忘れてしまって暮らしていて。我々は、天皇陛下のお誕生日だ、やれ何だかんだってずいぶんそういう行事が多うございますから、人ごとでもって生活していて、自分のことはつい棚に上げてしまう。

私どもの（銀婚式の）ときには、一月おきぐらいに、しょっちゅう、しょっちゅう外国のお客様がいらしてました。

竹内 武夫さんは銀婚式を忘れていたということは、何も特に贈り物とかもなく。

三木 ええ、ええ。もともと何もそういうことは（笑）。忘れているのか、気がついていても忘れた顔をしているのか、よくわかりませんけど。

竹内 ご著書には、記念で本か何かを出そうと思ったんだけどやめた、ということが書かれています。

三木 そうそう、そうなんですよ。何もかもやめちゃうんです。

小西 一九六六（昭和四一）年に、ご長女の紀世子さんが高橋亘（医師。三木武夫首相秘書官）さんとご結婚されますが、のち高橋さんは秘書として武夫さんの活動を支えていきます。どんな方ですかとお聞きするのも変ですが、秘書としてはどういう方でしたか。

三木 秘書になったのはどういうあれでなったのかわかりませんけれども、ともかく小さいころから家へ出入りしてまして、家族ぐるみ、つまりお父様も、お母様も親しい仲でしたし、お従姉妹さんたちはしょっちゅうピアノのお稽古だとか何とかいって一緒に娘たちとやってましたから、どっちかというといとこ同士が結婚したぐらいの簡単な気持ちだったんです。

うちの娘は大変わがままだし、あまり人の世話をするほうでも……。むしろ亘のほうが、世話をしてくれて。娘は大学卒業してからちょっと外国を見てきたいなんて言って、二～三年アメリカなんかに行っていたんですね。その間もしょっちゅう来てましたから、ただ三木の仕事が好きで、三木の手助けになるのならば何でもしたいぐらいのことで。別に手伝ってもらうこともなかったんでしょうけど、娘がいないときでもしょっちゅう家におりましたから、だからまさか結婚するようになるとは、私も思っていませんでした。うちの娘は父親にそっくりで、女として役には全然立たない。参議院議員になっても、男の仕事が当たり前みたいなことでしておりました。

外遊から帰ってきて、亘のお父ちゃまが、私たちが真鶴の別荘に行っているときにいらして、三木と話がしたいとおっしゃるんですね。それで二人で小さな部屋へ入って、なかなか出てこない。一時間以上も。何か政治の話でもしているんだろうと思ってのんきに構えていたら、結局「亘が紀世子と結婚したいから許してほしい」ということで、男同士の話し合いがあったんでしょうね。

でも、内々の中で結婚ができて、私はホッとしたんです。紀世子というのは、女の子にしては、あまり役に立たないんです。

竹内　お二人は幼なじみということですか。

三木　ええ。両家がしょっちゅう。お稽古の帰りのときなんかは……、家が小田原ですから。だから何かあるときには、みんなうちへ寄って、ピアノのお稽古もみんなでしていって、ご兄弟たちが。亘は男ですからピアノのお稽古なんかはしてませんけれども、それでも一緒に来てみんなにぎやかに。

竹内　一〇代ぐらいからですか。もっと小さいときから?

三木　そうですね。あまり他人同士の感じではありませんでした。

外務大臣時代

小西　一九六六(昭和四一)年一二月に第一次佐藤改造内閣で外務大臣になられるのですけど、お若いころからアメリカへ行ったりして、武夫さんとしては外務大臣というのは自身が望まれたポストではないかと思うんですが。

三木　望んでいたかどうかわかりませんけれども、外務大臣をやってくれと言われて、当然のような顔して。

小西　そのあと、いきなり沖縄返還交渉という非常に大きな仕事をされるのですが、その中でも一番重要な、佐藤総理と対立することにもなる「核抜き本土並み」問題があります。そこに武夫さんがこだわった原因みたいなものは何か。

三木　前々からそれは考えていたんだと思いますけれども、佐藤内閣ができる前に、もし自分が総理や何かをやるようなことになったらばという考えがあったとみえて、アメリカへ行ったときに、ヒューバート・ハンフリー（アメリカ副大統領）さんとか、もう一人、ごく親しいアメリカの外交官の人たちにいろいろ話をしたら、「三木君、沖縄の返還を申し込むのは今がチャンスだよ」って言ってくれたんですね。そのときに三木は、どうしても「核抜き本土並み」を実現したいと考えて、その話もお友だちにしたらしいんです。アメリカでもそう思ってくれているからというので、佐藤さんが総理になられるときに、進言したんです。

ところが、佐藤さんはよくその意味がわかってなかったみたいで、初めて日米会談でアメリカに行って、帰ってこられて、皆さんが出迎えにいらっしゃるのだけど、三木は「僕は行かないけれども、君はどうしても行ったほうがいいよ。今度の総理の仕事は沖縄の問題もあって、ハンフリーさんや何かとも相談しているのだから、ぜひ迎えに行きたまえ」って言われてまいりました。そしたら、タラップの下に並べてくれて、私はその他大勢じゃなくてお迎えしたんですね。「お帰りなさい」って言って握手したときに、「三木君に入れ知恵されて何とかしたよ」とか、「ありがとう。三木君によろしく」とか、何とか言いそうなものだと思ったら、黙って握手して行っちゃった。佐藤さんという人は、どっちかというとぶきっちょな人なんですよ。三木が土台をつくってあげていたのに、何も言わなかったと思って、私はムッとしたんですけど。そんな不遜なことを考えるのは、ちょっと後で考えたらおかしなこと。私がそんなことを考える必要はどこにあったかと思うんですけれども、ついそのときはそんなふうに、全くこのおばあさんは不遜なんだから（笑）。

小西　武夫さんが沖縄に注目されるというのは、自分の中では沖縄に対する問題意識というのはあったんですかね。

三木　別にそうじゃないんですけど、長い日本の本土の中で、沖縄だけに負い目を負わせるのが、どうしても納得できなかったんですね。そのことは骨身にしみて、もし自分がやらなくても誰かにやってもらわなくちゃと思っていたんだと思います。

小西　今、沖縄返還問題というと佐藤栄作の功績で、その次に出てくるのは田中角栄で、三木武夫という名前はなかなか出てこないんですね。

三木　出てこなくてもいいんですよ。出てこなくても、自分がそうしたいということを一生懸命彼らに話をしてますから、それができたといったら、本人は喜んでいたんだと思います。あの人は一人っ子なんですよ。だから彼自身の手柄にしたいとか何とかということを考えないんですね。やりたいことを誰かがやってくれればいいという。私なんか悔しくて、「だって沖縄返還はうちで考えていた」ってキリキリしたんですけど、彼はそうは思わない。誰がやったって、沖縄返還ができればいいじゃないかって言う。私みたいに大勢兄弟の中で片意地張っているのと全然違うんです。一人っ子だと、ほんとに鷹揚ですね。

竹内　沖縄返還とあわせて小笠原が先に返ってきてますね。武夫さんの総裁選出馬前のときです。

三木　小笠原は確かに一生懸命やってくれたんですね。それは私の兄（三男の茂氏）があそこで戦死していますので。

竹内　硫黄島ですね。

三木　彼は自分が兵隊に行かなかったから、戦死した人たちに対する思いというのは非常に強かったんじゃないかと思うんですよ。もちろん中国大陸で戦争した人たちもですけれども、ことに身近な沖縄とか小笠原などの場合は、遺骨の収拾さえできないところが多いんですね。そんなことですごく心を痛めていたと思います。

竹内　総理大臣になられてからも広島に行かれたというのも、そういった心情からなんでしょうか。

三木　そうですね。

総裁選出馬とその周辺

小西　次に、一九六八（昭和四三）年に総裁選に初出馬されるときのお話を聞きします。武夫さんの「男は一回勝負する」という発言は今日も名文句として伝わっているのですが、第一回目に出られたときの印象に残っていることは何かありますでしょうか。

三木　最初はどこかホテルを借りて事務所にしたんですね。最初から当選するつもりだったのに、と本人は言うのだけれども、客観的に見ると誰も当選するとは思わなかった。私たちの家から歩いてもじきの麹町に事務所を構えたんですよ。みんな集まってましたけど、ほとんど夕方になると三木事務所へ帰ってきて、そこでまた作戦を練って、三木事務所で寝泊まりしている人たちもいましたね、国会議員の中には。事務所の一番上の五階に八畳ぐらいの日本間を置いてましたから、二人ぐらいは泊まれたんですね。だから総裁選挙のときに、よそを使わないで内々で選挙しました。

竹内　佐藤総理は最初、三選はしないと言っていて、それで三選目に出るとなったことに非常に憤っていたことはあったんですか。

三木　はい。最後は佐藤三選阻止で出たわけですから。佐藤さん自身があああいう方だから、「しない」と言ったらしないのかと思ったら、そうでもなかったりして。でも、いろいろ考えてみると、同志の数が少ないんですね。派閥というのは好きじゃないとか何とか言ってましたけど、同志と言ってもやっぱり派閥なんでしょうね。人数が少ないからどうしょうもなくて。

最初の選挙のときは、あまり派閥に属してない方のところへ、参議院や何か、あっちやこっちやに挨拶に行け行けって、選挙を一生懸命やる方にすすめられて、私も行ったりしたこともあるんですけれども。こんなことしたってしようがないやと思いながら、それでも三木がともかく少数派でも理想を持って何かしたいというのだから、手伝いましょうということで。後に徳島県知事になった人の奥さんなんかもずいぶん議員宿舎を歩き回ったこともあるんです。でも、私はそんなこととして国会の総理総裁ができるわけがないと思っていたものですから、そのとき一回かぎりで、次の選挙のときにはもうやめましたけれども。一票一票集めていって選挙しないで「青天の霹靂」になってしまったものですから、役に立ったのか立たないのか。

小西　このとき前尾繁三郎（衆議院議員。通商産業大臣・衆議院議長等歴任）さんが三位ということでしたけれども、この二人が一緒になろうという話にはならないんですかね。

三木　そういう話にはならなかったと思いますけれども、何となく気脈が通じていたんじゃないのかなと思います。

小西　前尾さんというのは、非常に立派な方というか……。

三木　そうです。だけどお子さんがなかったんですね。

竹内　海部さんにインタビューをしてまして、そのとき海部さんは「当選は度外視していた」とおっしゃっています。武夫さん自身は当然、打倒佐藤ということで当選をやはり目指していたわけですか。

三木　当選するとは自分でも思ってはいなかったと思いますよ。だけど、岸さん、佐藤さんという、いわゆる官僚の流れを阻止しなければいけないとは思っていたと思いますけれども、自分が当選するとは……。でも、ともかく勝負に出なくちゃということで。

竹内　全国会議員に対して手書きで手紙を出されたということですが、どういったことを書かれたか、ご記憶はございますか。

三木　書いたものをとってあったはずなんですけれども、もうどこへ行っちゃったのか。もう少し、何というかな、荒っぽい人でないと、ああいうことはできないと思うんですけどね。

竹内　そのころ派閥は、もちろん武夫さんがトップですが、参謀は井出さん、松浦周太郎（衆議院議員。労働大臣・運輸大臣等歴任）さん、そのあたりの方々なんでしょうか。森山欽司（衆議院議員。科学技術庁長官・運輸大臣等歴任）さんはもうちょっと下で。

三木　森山さんのお父様は私の父などと一緒ぐらいというか、時代がね。鳩山さんのところの弁護士会の会長みたいな、鳩山会の会長というんですか、鳩山弁護士のところで森山さんのお父様は。だから私は小さいときから……。お父様、お母様はよく知っていたんです。

竹内　派閥の中の序列は、当選回数に応じて出来上がるものですか。

三木　あまり三木派の人は当選回数なんていうのは言わなかったみたいです。「三木派」ということも言わなかったですね。このころになって、三木派、三木派と言うけど。

竹内　佐藤さんのところは五奉行といって、田中角栄（首相）さん、松野頼三（衆議院議員。防衛庁長官等歴任）さんというような人たちがいて（ほかに橋本登美三郎・愛知揆一・保利茂）という感じですけど、三木派というのは……。

三木　佐藤さんのほうは役人ですから、階級がきちんと。我々のところは百姓ばっかり集めて（笑）。お百姓とお医者さんが多かったですね。だから階級のない人たちですから。

小西　一回目の総裁選に出るときに、武夫さんは睦子さんに、「さっ、出るぞ」という話はされましたか。

三木　しませんでしたね。でも一緒に住んでいれば察しますから、それぞれと思いましたよね。最初のときは、麹町のどこかの会館の中に部屋を借りてしたんですけども、私たちは吉祥寺に住んでいたものですから遠いんですね。「出てこい」と言われて、選挙の間中ホテルに部屋をとって、ホテルから通ってました。一人息子でわがままに育っているものですから、日常の生活が不自由なんでしょうね。すぐ「来い」って（笑）。

竹内　ほかの派閥でも明治大学出身の代議士さんなどにも応援依頼して、武夫さんに入れるというようなこともあったんですか。

三木　どうだったでしょうね。

竹内　三原朝雄（衆議院議員。文部大臣・防衛庁長官等歴任）さんは、特に応援は。

三木　好意は持ってくれていたみたいですね。

小西　一回目の総裁選が終わってから、およそ一年間、武夫さんは公職・党務から離れられるのですけれども、そのころの思い出というのはありますでしょうか。

三木　たぶんそのころは時間があるからといって、よくあっちこっちよく歩いていましたね。

小西　どういったところへ行かれましたか。

三木　そういうときに平沢和重さんとか、ああいう人たちと一緒に。毎週のように私どもが真鶴の別荘に土曜・日曜に行きますと、平沢さんが伊豆のほうから帰ってきて、そこで魚を一緒に食べて。平沢さんというのは、お魚なら何でもいいらしくて、よく食べる人でしたけど、飲んでも酔わないんです。止めどもなく飲みました。

竹内　そのころ、永井道雄（教育社会学者。三木内閣の文部大臣）さんなどの学者の先生方を集めていらっしゃったと思うんですが、勉強会か何かをされていたんですか。

三木　特に勉強会というのじゃないんですけれども、この二階に八畳か何かの部屋があるんですね。そこが落ち着くといって、学者がいらっしゃると、そこで対談というか話を聞いてました。

竹内　この南平台に？

三木　はい。ここの上（二階）です。あとは事務所へ毎週来ていただいてお話を聞いたり、とかく学者の話を聞くのが大好きな人でした。

竹内　東大の佐藤誠三郎（政治学者）さんも、武夫さんのところに来ていたという話があるんですけど。

三木　よくいらしてましたね。

小西　一九六九（昭和四四）年、一九七〇年ぐらいになりますと、学園紛争といいますか、大学紛争が非常に盛んになります。明治大学もそうなんですけれども、そういったことに対して武夫さんは、これは何とかしないと、ということはおっしゃっていたんでしょうか。

三木　あまりそういう話は聞きませんね。ただ、そういうことがあると、先生方はわりに暇ができるというんですか（笑）。講義をしなくていいものですから、よく三木がお宅へ伺ったり、先生のほうが家へ来てくだすったりで。自分は明大出だったんですけども、東大で教えていらっしゃる先生や何かがよく来てくだすって。

小西　二度目に総裁選に出られた一九七〇（昭和四五）年のときの話なんですが、徳島で会を開かれたり、東京でも共立講堂で講演会を開かれて、非常にたくさんの人が集まったと聞いております。なかでも憲政記念館で、先ほども話に出た石坂泰三さんがいらっしゃったりして会を開いたときに、「三木武夫先生を励ます会」というのが開かれたということで、明治の関係者がこれにかなり一生懸命参加したというふうに聞いているんですが。

三木　はい。先生方はずいぶん一生懸命応援してくだすっていたんですね。あのときの明大の先生は、この間亡くなった若い……。

小西　岡野加穂留（明治大学教授。同学長）先生？

三木　岡野先生なんかも一生懸命。

渡辺　あと考えられるのは藤原弘達（政治評論家。明治大学教授）さんなども。

三木　弘達さんもよくね。あの人、口が悪いけど、けっこうねぇ（笑）。

小西　小島憲さん、それから春日井薫（明治大学教授。同学長）さん。

三木　春日井先生は、どっちかというと、あまり野次ったりなんかなさる方じゃないから。でも、息子さんのお仲人をしたりなんかして、未だに春日井家とはずっと付き合っております。

小西　このころに吉祥寺から南平台に移られたんでしょうか。

三木　はい。ここへ来てからもう四〇年近くなると思います。吉祥寺もいい家だったんですけど、遠くてね。

竹内　引っ越しのときに荷物を多く運んだご記憶はございますか。紙の書類とか。

三木　はい。それは事務所の地下にまだ入っているのもあると思いますけど大部分は、三木の政治的なものは明大へ持っていってお願いしてあるんだと思います。
竹内　引っ越しのときに、その段階で番町に運んだんですか。
三木　そうですね。書類としては。
小西　一九七二（昭和四七）年の話になりますが、そのころになってきますと世界的に緊張緩和といいますか、冷戦の緩和が起こってくるのですけれども、武夫さんが周恩来と四月にお会いになって、そのときに極秘メモを交換したと言われているのですけれども、そのメモというのは厳重に保管されたというふうに……。
三木　それがね、これくらいの紙なんですよね。
小西　一〇センチ足らずの……。
三木　普通の手帳をはがしたわけじゃないんでしょうけど。それを人には見せたくないらしくて、毎日ポケットへ入れて、帰ってきて寝るときにはベッドの下に入れて、ってしていたんですね。その後に三木があまり動かなくなってからは、高橋亘が秘書をしていたものですから、高橋がいつもポケットに入れていたんですけど、それをどこでどうしちゃったのか、全然私たちにはわからないんですよね。それは「周恩来秘録」でございますから。毛沢東とはあんまり関係ないみたいで、もっぱら周恩来との話をしてました。
小西　どんなお話をされていたか、何か思い出みたいなことはありますか。

三木　亡くなったあと奥様が日本に来たことがあって、私は一緒にご飯を食べたり何かもしたんです。ご夫妻とも同じ思想というか、周恩来には子どもがなかった（養子・養女あり）んだと思うんです。三木は毛沢東とはあまり会ってないと思います。メモはどこへ行っちゃったのか、それは日中関係に大事な書類ですからね。

小西　ひょんなところから出てきてくれるといいんですけどね。

武夫さんが、日中関係に関心を持たれたというのは、どの辺にあったんでしょうか。武夫さんの周りも、松村謙三もそうだし、髙碕達之助（衆議院議員。電源開発総裁・通産大臣・経済企画庁長官等歴任）さんもそうですし、いろいろ中国と関係が深い、あるいは関心を持っている方が多かったと思います。武夫さん自身がもともと中国に関心があったのか。あるいはそういった方々の影響を受けたと考えたほうがいいんでしょうか。

三木　私たちが初めてアジアを旅行して歩いたとき、まだ中国へは簡単に入れなかったんですけれども、香港から汽車が行っているんですよね。それにアヒルがいっぱい乗ってガーガー鳴いている。北京ダックなんかをつくるんでしょうね。アヒルは行くんだけど、人間は香港のところで降りなければいけないんですね。降りて歩いて、検閲を受けて、向こうの駅からまた乗るわけです。私はその汽車には乗らなかったんですけど、アヒルと人間が別の行動をとる。アヒルはずっとお乗りあそばしているけど、人間は歩いて行かなければならないんですね。川を渡って、そして向こうでまた検閲を受ける。そのころから三木は中国に関心を持って、一生懸命いろいろしていたんだと思います。

渡辺　武夫さんは、学生時代に中国へ行ってますね。

三木　そうです。台湾から中国まで。そのときの旅行は、台湾を通って行っているんですね。瀬戸内海を船で行ったのかな。あっちゃこっちゃで演説して歩いて、台湾へ行って、台湾から中国へ渡ったんじゃないかと。私はそのときまだ子どもでしたから。

渡辺　このときに中国観というのが形成されたのではなくて、だいぶ前から一定の考え方を持っておられたんじゃないかと思うんです。

三木　そうそう。

小西　一九六九（昭和四四）年になりますが、古代遺跡保存ということで「明日香法」の制定でご尽力されますが、そのころの思い出みたいなのは何かありますか。

三木　一緒に飛鳥へ行きました。私は訳がわからないけど、ただ付いて行っていただけなんです。それから度々歴史の先生を頼んで一緒に近畿地方を歩きました。

　京都・奈良、あのあたりをずいぶん歴史を訪ねて歩きました。それはちょっと暇になったときで、末の息子がお世話になった歴史の先生だったんですけれども、偉くなってどこかの大学で教えていらしたころだったかしら、何とかかんとか時間を見つけては一緒に京都・奈良を歩いてくだすって。三木はいろいろ勉強はしていたんだと思いますけど、書いて残してないんじゃないかと思うので、それが残念ですけど、手まめにものを書く人じゃないものだから。

小西　ここは残さなければだめになっていくという思いが強かったんでしょうね。

三木　そうなんでしょうね。

小西　一九七二（昭和四七）年に三回目の総裁選に武夫さんが出られます。いろいろあって最終的に田中角栄を支持すると決められるわけですけれども、この経緯みたいなのはご存じですか。

三木　それはね、日中関係をどうするかということで、あのときは候補者が三人いた。三木が聞いたら、田中さんが「自分がやる」とおっしゃったので、それじゃ田中さんを支持しようということだったんだと思います。日中関係を処理する総理が必要だということを三木が考えたんです。そのときに田中さんが一番先に「僕がやろう」って言ってくれたので。

竹内　金丸信（衆議院議員。国土庁長官・副総理等歴任）さんの本には、田中角栄さんと武夫さんが会談をされて、部屋に入ってすぐに武夫さんが「日中やるか」と言ったということが書かれています。

三木　田中さんが中国へ行ったときのシナリオは全部、三木が書いているんです。田中さんの発想でいらしたことになってますけど、

小西　先の沖縄返還に続いて、これも三木武夫さんの外交史における功績なんですが、そこが抜けてしまっているのですね。武夫さんのほうは、国交回復がなってよかったという思いは相当強かったんですかね。

三木　と、思いますよ。自分があれをしたからですね。ただこのごろになって考えてみれば、高

碕達之助なんかだって近い親戚ですけれども、ずいぶん日中国交回復で長いあいだ苦労してますしね。三木がひょいっと行って、ひょっというのは、ちょっとそれは虫が良すぎます。

竹内　一九七六（昭和五一）年九月、髙碕さんの孫娘さんとご長男の啓史さんがご結婚されたんですね。

三木　はい。彼らが結婚したのは、三木内閣の改造の日でした。披露宴にも三木がどうせ来やしないというので、仲人の井上靖先生が代わって最後のご挨拶をなさろうとしてお立ちになったときに、タカタカッと階段を下りてきて、間に合ったのです。

竹内　井上さんとも付き合いは古いんですか。

三木　三木と井上先生が同い年なんです。それでいろんな付き合いがありましてね。息子もまだ学生だったころから井上先生にも可愛がっていただいて、お仲人をお願いすることにしたのです。

田中内閣成立期

小西　中国問題で田中角栄支持になったとお伺いしたんですが、田中角栄という人に、後は別として、田中内閣ができるころ、武夫さんはどういうイメージをお持ちだったんですか。

三木　わかりませんけれども、ともかく田中さんを支持して田中内閣をつくったんですから、この人ならば任せられるという何かがあったんでしょうね。頭の良さというか、手早さというか、何か自分にないものを田中さんに発見したんだと思いますよ。全然違うタイプですから。

竹内　先ほど佐藤栄作さんとは運輸次官のときにお会いしているというお話がありました。田中角栄さんとは、佐伯宗義（衆議院議員）さんの本を見ますと、占領期に佐伯さんの事務所に武夫さんですとか、田中角栄さんとか、当時若い代議士が集まっていたとあります。戦後各派閥の首領になるような人たちとは、占領期に武夫さんはお会いしているということでよろしいのでしょうか。

三木　自分の事務所を持っているというのは、三木が初めてだったと思います。赤坂のときもそうでしたし、麹町も。国会議員が集まるような事務所を、ほかの方はまだそういうものを持ってなくて、三木が麹町に事務所を開いてからだいぶ経ってから、皆さんそれぞれご自分の事務所をお持ちになるようになったんです。事務所をこしらえたのは、きっと三木が一番早いでしょう。妙にそういう手早いところがありましてね。

竹内　話が戻るのですが、一九七一（昭和四六）年に石田博英さんの派閥が合流してますね。これについては、何かご記憶はございますか。

三木　私はそのときのことは覚えてませんけれども、もともと博英さんとは学生時代からの付き合いでございまして、最初の三木武夫の選挙のときに、博英さんが手伝いに来てくださったんです。学生服では具合が悪いからといって、モーニングコートを着ていらしたという話なんですけれども。だからごく若いときから、まだ博英さんが国会に出ようという志を持ってなかったころからの付き合いなんです。そのころの博英さんというのは、伊豆大島かどこかに、若い子どもたち、学生さんたちの寮をこしらえて、いたずらばかりしている不良少年を集めていろいろ教育をしたり、なかなか理想家肌のお兄ちゃんだったんですよね、大学のころは。そのころに三木と何かで意気投合して、徳島まで応援に来てくれたりする仲でしたから。

小西　田中内閣での出来事ですけれども、武夫さんは副総理格で入閣されて、環境庁長官をされますが、日本中が公害問題で荒れているときですので、環境庁長官というのは非常に大変な仕事だったと思うんですけど、何か思い出みたいなのはありますか。

三木　そのころ環境庁長官というのは、長官室も何もないんです。できたての役所ですから。それで副総理として入ったときに部屋がなくて、総理府の近くの役所の一部屋を副総理室にこしらえたんだと思います。私に「一度来てみないか。妙なところにいるんだよ」っていうような話で、「お昼ご飯を食べに来い」って言うんですね。そんなこと一度も言われたことないから、「どうして」って聞いたら、「君の里の味とおんなじメシが食えるんだ」って言うのね。たまたま森の家と同じものが出てくるんだよって。国会の食堂には、父が当選して上京してくるときに私の里のコックを連れてきたんですね。そして鳩山さんが内閣書記官長だったものだから、鳩山さんに頼んで国会へ入れてもらったんです。それで私の里と同じ味がすることになっちゃったようでございます。副総理というのは食堂のある役所ではございませんから、国会から運んでくるんですね。ということで私はご馳走になりに行きました。

小西　当時、公害があっちこっちで起こっている中で、何か苦労されていたという思い出はありますか。

三木　はい。公害の問題は何とかならないかというんですけれども、自動車の数を減らしちゃったらみんなが不自由しますし、とっても苦労したんだと思いますよ。どうやったら公害をなくして、しかも便利にしようかというので。

小西　当時、水俣へも行かれたりしてますし、環境庁長官としてはいろいろ活躍されましたよね。「日本版マスキー法」というので、いまおっしゃった車問題を何とかしようというので、最終的にはうまくはいかなくて……。

三木　牛込の向こうから坂が下りてきて、電車がこういうふうになるところがありましたね。あそこに住んでいる人は、公害で大変だったというんですよね。

矢野　牛込柳町ですね。

三木　そうそう。あそこを通るたんびに考えますよ。これが苦労のもとだったんだって。

矢野　そのころ瀬戸内海の汚染の問題で、やはり陳情とかいろいろあったような記録がありますけれども、ご自身の出身の近辺というのは気配りはされていたのかなと思うのですけれども。

三木　彼は頭が科学的にできてませんでしたから苦労したみたいですよ、理解するのに。

九　インフレ・石油ショック・田中金脈問題への対応

一九七二（昭和四七）年七月、第一次田中内閣が発足すると、三木は八月に副総理に就任した。また、一二月の第三三回総選挙で一四回目の当選を果たし、副首相と共に環境庁長官を兼務した。田中内閣は、過密と過疎の同時解消をめざした日本列島改造構想の実現に乗り出し、工業地帯の再配置と大規模工業地帯の建設、二五万人都市の建設、新幹線・高速道路の交通ネットワークの構築などを推し進めた。この一方で、商社の商品投機が活発となり、米、木材などが買い占められ卸売物価は急激な上昇を示した。さらに、一〇月には第四次中東戦争が始まり、原油価格は暴騰した。政府は翌一一月に石油緊急対策要綱を閣議決定し、一二月には石油緊急二法を実施したが、石油業界の便乗値上げ、売り惜しみなどによりガソリン、紙などが品不足となり、スーパーマーケットにはトイレットペーパー、洗剤などを求める消費者が押し掛けた。三木は一二月に発足した第二次田中内閣でも副首相、環境庁長官を兼務し、同月には石油危機打開のための政府特使として中東八カ国を歴訪した。さらに、一九七四年一月には中東和平をめぐり米国訪問を行った。

一方、一九七四年には第一〇回参議院議員選挙が行われた。この選挙では田中角栄が徳島選挙区に後藤田正晴を自民党公認候補としたため、現職の久次米健太郎を推す三木との間で保守分裂選挙が行われた。三木は選挙公示一週間前に徳島入りし、徳島遊説を行った。選挙は久次米が当選したが、阿波戦争、三角代理戦争とも呼ばれ、徳島では自民党が長く分裂状態に陥った。選挙後、三木は七月に副総理、環境庁長官を辞任し、九月には軽井沢研究会で「憂うべき現状」として田中を批判した。さらに、同年一〇月、立花隆が『文芸春秋』一一月号で「田中角栄研究—その金脈と人脈」を掲載し、これが田中金脈問題への追及へとつながった。同年一一月二六日、田中角栄首相は辞意を表明した。

（秋谷紀男）

『日本列島改造計画』

小西　田中内閣のときに『日本列島改造計画』が出てまいりました。下河辺淳（建設省事務次官）さんが執筆されたということですが、『信なくば立たず』（三木睦子著・講談社）を読みますと、どうもおかしいんじゃないかということを睦子さんが下河辺さんにおっしゃったと書いてあります。まずこれが出た段階で、どういった印象をお持ちだったのですか。

三木　さて、忘れましたけどね。彼の「列島改造論」というのは、たぶん田中さんと相談してじゃなくて、三木と相談してできた論文じゃないかと思うんですよ。田中さんは、それにヒョイと乗ってくだすったから、三木も反対もせずに。たぶん先生は三木と相談して「列島改造論」というのができたんじゃないかなと、私は思うんです。三木は真っ向反対もしないで、かえって賛成していたんじゃないかなと、私は思うんですけれども。

小西　武夫さんのほうには、過疎・過密みたいな、徳島から来られてという、そういうのはあったんですかね。

三木　どうでしょうね。成人してからは徳島にずっと住んでおりませんでしたからね。明大の途中からアメリカへ行ってしまって、なかなか帰ってこなかったりしていたんですけれども。三木自身は、徳島県のためにというよりも、もっと大きな意味で考えていたのかなと思うんです。郷里、郷里なんて言う人でもなかったし。

三木の父は、田舎の人にしては、今で言う開けた人というのでしょうか、明治の初めに「朝日新聞」をとっていたのは、県内でおじいちゃん一人だったよというような。私、あまり一緒に過ごしてはいなかったんですけれども、夏休みに一度、ほんの四～五日でしたけど徳島へご挨拶へ帰ったことがあるんです。六月の末に結婚しておりましたから、夏の間です。日が暮れると途端に、門の前に大きな榎の木がありまして、その下へ蚊取り線香をたいて、そこへ父が座って、村の人が周りに集まって、父の政治評論を聞くんですね。近所の人が次々と集まってきて、一生懸命父の話を聞いてくだすっているんです。母に「宣伝もしないのに、よく人がいらっしゃいますね」と言ったら、「あとでお酒が出るからよ」って（笑）。

父は田舎の人にしては、世間を知るようにというので当時の世界情勢を一生懸命語って聞かせたんだと思うんです。村の人も、自分たちが新聞を読んで研究しているわけじゃないから、父の話を聞いて毎日納得していたんじゃないかと思われるんです。朝日新聞なんかとっていた人は数が少なかったのかもしれませんね。だから一生懸命世界情勢を説いて聞かせて、父が「米国は」と言うと、みんなはハッとして聞いたりしてました。私は、三木がそういうことをやったのかと思ったら、そうじゃなくて父がやっていたんですね。だから、三木が演説したがるのは、やっぱり父の影響があるんだと思います。

渡辺　なるほどね。田舎がどういう意味を持つかという話にはなっているわけですけれど、例えばお寺さんとか、冠婚葬祭というのは田舎で非常に重要な意味を持ちますね。それは成人してこちらへ出られてくると関係なくなったんでしょうか。まだ向こうのお寺さんとは関係があったのでしょうか。

三木　三木の父が初めて家をこしらえたんですね。

渡辺　お父さんがそういうタイプの方だということは、どこか私もお聞きしたことがあるのですけど、そのほかに田舎のことが語られたというようなことはありませんでしょうか。

三木　あまり聞いておりませんね。三木は田舎にじっとしていなくて、明大に来てから程なくアメリカへ行ってしまって、これがわりに長かったみたいですね。間で帰ってきたのか、帰ってこなかったのか、よくわからないのですけれども、立候補するちょっと前に戻ってきて、急に立候補するというようなことだったんだろうと思うんです。

渡辺　立候補の場合にも、おそらく大学の中にも徳島県人会みたいなのがあるはずなんですね。そういう人たちのコネを使われているのじゃないかと思うんです。それが票になってくるものですから。向こうで立候補されているわけですよね。

三木　帰ってきたときは、徳島が二区に分かれていたのかな。後には全県一区ですけれども。

小西　睦子さんは、選挙のとき何度か徳島入りはされているんですね。

三木　それは子どもが生まれたりしてからですね。最初の選挙はもちろん知らないのですけれども、ともかく結婚して程なく、まるまる四年じゃなく、五年期間があったようなときもあるんですね。戦争があるというので選挙を延ばしたこともあって。だから徳島へはそう頻繁には帰っておりませんけれども、二度目、三度目の選挙からは、三木が自分の地元へ帰らないものですから、私一人で選挙はいたしました。しかも、三木は親戚が少ないんですね。

小西　明大の雄弁部のOBから、武夫さんの選挙応援に行って、睦子さんが何か用があって、「きょうは私は来られないけど、あとをよろしく」みたいなことを黒板にさらさらっと書いてあって、それに非常に感動したという話を聞かされたことがありますけれども、選挙のたびに大体行かれたんですか。

三木　そうです。三木が行かなくなりましたら全部私の責任になって。最後になりますと、徳島にだけはいられなくて、岡山とか、広島とか、同志の出ているところへちょくちょく応援にも行きましたから、自分の選挙だけに関わっていたわけでもないんです。選挙ですから、戦争ですからね。私みたいに何も知らないのが行っても何となく雰囲気をつくってくれて、四国の中でも高松あたりでも。でも、演説をしたわけではなくて、しゃべるのも下手なんですけど、そのころ女の人が出ていってしゃべるのは割に少なかったものですから、みんな待っていてくれるみたいなことで。

渡辺　運動を通じて特に徳島で特徴的なということはありますでしょうか。

三木　やっぱり島国ですからね。三木は、立候補するまでは、「三木さん」と言っても誰も知らないような、何しろ明大からアメリカへ行ったままなかなか帰ってこなかった人ですから。帰ってきたと思ったら途端に立候補する。そのころは徳島が二区に分かれておりまして、そこの選挙区から立候補された方がお年寄りばかりで、あまり冴えたことをおっしゃる方もいなかったんだと思うんです。簡単に当選してしまったみたいでした。落ちた方は、古くから県会議員からずっとやっていらして、長いこと政界に携わった有名な人だったんでしょうけども、簡単に若い者に負かされてしまって、それっきり出ていらっしゃらないです。三木の場合は、アメリカから帰ってきて颯爽としていたのかもしれませんね、見た感じが。

竹内　いまの年をとったというのは、高島兵吉（戦前の衆議院議員）さんだと思うんです。武夫さん自身が生前インタビューにこたえられていて、高島さんから「出馬やめてくれ」と言われたんだけど、俺は「出る」と言って出たという話をされてます。

三木　若いものですから、失敗してもともと思ったんじゃないでしょうか。それが当選してみたら、そのときはわりに長いこと議席があったんじゃないかと思うんですよ。戦争が始まりかけてましたから、ちょっきり四年あったんじゃないですか。その次の選挙は五年だったと思います。

小西　下河辺淳さんが『日本列島改造論』を出されたとき、武夫さんと話ができていたという話ですが、お付き合いはわりとあったのでしょうか。

三木　下河辺さんはしょっちゅうここへも見えてました。だから、「列島改造論」というのが田中さんの名前で出るというのは、私は「へぇ、そうか」と思って不思議な気がしたんです。

渡辺　武夫さんは、列島を改造しなければいけないようなお考えみたいなものは、その前にどこかで話をしたり、書いたりしているのでしょうか。

三木　忘れてしまいました。そんなことがあったかもしれません。

小西　この本が出て、世間でかなりブームになりますよね。それを見られたときに、睦子さんとしては、これは武夫さんの考えに近いものだというふうに思われたわけですか。

三木　はい。それで下河辺さんも一緒ですから、たぶん下河辺さんの知恵が田中さんを動かしたんだなと思いました。

川島　瀬戸大橋みたいなものを望まれていたようなこととというのはあるんでしょうか。

三木　はい。何しろ四国と本土をつながなければいけないということは、四国の国会議員はみんな考えていたようです。だけど、二つも三つも橋をつくるとは考えてなかったんじゃないかと思うんです。みんなそれぞれが自分のところをやっている間に、こっちもあっちもとできてしまったみたいなことだったと思います。

小西　その後、地価上昇とか、乱開発が起こってきますが、その辺に関して、武夫さんは何かおっしゃっていたか。あるいは睦子さんの何か印象はありますか。

三木　四国って小さい島なのに橋が三つできたわけですから、順当ならば短いほうの橋、つまり岡山へ行くほうが速いわけですけど、三木なんかにしてみれば、遠くても本土に近いほうへ、自分たちの住んでいるところを大事にしてしまうから、これはずいぶん我が強いんだなと、私は思って見ていたんです。「あなた、少し贅沢よ」と言うわけでもなかったんですけど、確かにあんなに遠い距離に橋を架けるというのは、ちょっと無謀じゃないかなと、全く他人事のように考えていたんですけど、三つともできるというので、香川県やら徳島県やらの人は、すごく喜んだと思います。そうでないと、鵜の田尾峠といって香川県から徳島へ向けた山を乗り越えてくる狭い道があるんですけれども、それを改修して少しまともな道にして、そして橋は一つで済むようにしたらというようなことで、そんな工事もしていたんですけれども、橋が二つできるなんていうのは、土地の人にすれば、ほんとにありがたい話です。鳴門大橋と香川の橋とつなぐところが遠いですから、みんな喜んだと思います。

開通の祝賀会のときかしら。呼ばれて行ったんですけれども、その当時の知事（三木申三徳島県知事）さんや何かが壇の上に登って、三木は下のほうで見ているんですね。私、何で言いだしっぺの三木が壇上に上がらせてもらえないのかなと不思議な気がしましたけれども、そのときの知事や何かにしてみれば、そんなことさせられない。自分たちがつくったんだと威張りたいところでしょうし、ここで三木が出てこられたら困るということだったんでしょう。私は不思議で、「何であなたは、あそこへ呼ばれていないのよ」と言ったんですけど、三木は知らん顔して「そういうもんだ」とか何とか言ってましたけど。

村松　『信なくば立たず』で睦子さんが、下河辺さんに「どうしてこういうものを書いたんだ」とお話になられたと書かれています。中身についてははっきり書かれてないのですけれども、いま伺ったお話ですと、あたかも田中角栄さんが考えたようになっているというのはどうか、というニュアンスで下河辺さんにお聞きになったということでよろしいんですか。

三木　三木は、自分があれをした、これをしたという手柄にするような人じゃありませんでしたから、「信なくば立たず」と田中さんが言って、しかも中国へも堂々と行ってくれるというのは、決していやな思いじゃなかったんだと思いますよ。

佐藤さんの場合も、日米の関係を三木がアメリカへ行ったときに、ハンフリー（米上院議員。副大統領）さんや何かと相談して、沖縄返還ができたんですね。それも三木がすっかりお膳立てしていて、そこへ佐藤さんが乗っかった形で沖縄まで返還に飛行機に乗っていらしたということ。私は、「腹に据えかねる、しゃくに触る」なんて思っていたんですけど、三木は「君、これは日本にとってはとってもありがたいことなんだから、佐藤さんが手柄を立てて帰ってくるのに、羽田まで迎えに行くべきだ」って言うんですよ。

石油ショックと中東歴訪

小西　武夫さんの手柄といえば、石油ショックのときに中東歴訪されますね。ファハド皇太子とお会いになったりということで、そのときの思い出みたいのは何かありますか。

三木「自分は油を請いに来たわけじゃない」とか何とか言いながら、結局、油をもらって帰ってくるんですけど。ひとつそういう雰囲気になると、どこの国へ行っても、王様同士ですから話が伝わっているんですね。話が全部うまくいって。

そのころ、日本の政府の専用機なんていうのはないものですから、日本航空の飛行機を借りて、そこにちょっと日本の国旗を貼り付けただけで行ってきたわけです。その後、どうしても日本の国の飛行機が必要だと、三木も、逓信大臣もしましたから飛行機会社とは連絡がよくて、さっそく自前の政府専用機をこしらえる話になるんですね。

小西　ある証言によると、禁輸解禁を認めてもらったときに、武夫さんが目を潤ませていたという話があるのですが、それぐらい力を入れてといいますか、気を遣っていらっしゃったんでしょうか。その辺のご記憶はありますか。

三木　あんまり喜怒哀楽をあらわさない人でしたから、どうなんでしょうか。いろいろ気を遣っていたには違いないんですけれども、黙々とやっていたに違いない。

竹内　全部で二週間ぐらいですか。

三木　そうですね。

竹内　移動するか、会談するか。小学校か何かも回られたようですが。

三木　教育のこともついでに視察したんだと思います。

竹内　あのときの随行員に、大来佐武郎さんや、通産省の天谷直弘さんといった人が同行していると思うんですが、これは武夫さんがご指名されたんですか。

三木　そうだと思いますね。大来さんとは一生お付き合いしていました。

竹内　いつぐらいからお付き合いは始まったんですか。

三木　いつごろから始まったんでしょうかね。まだ大蔵省の役人だったころからでしょうから。

竹内　亘さんも一緒に行かれてますね。

三木　それは秘書官として。それに三木が弱い人でしたから、やっぱり注射器も一緒に歩かなければいけなかったんです。あとで三カ月も旅行したときは、私が注射器を持って付いて歩きました。

竹内　戻られたのは年末ですよね。日本に武夫さんがいらっしゃったのは一週間ぐらいですか。お正月は、その年はこちらへ？

三木　たぶんこっちだったと思います。

竹内　年明け早々、またニューヨークへ。

三木　はい。毎年の習慣として、お元日は宮中へ参拝してということがありましたから。

竹内　日記を拝見しますと、宮中へ行かれたあと真鶴のほうに何泊かされて、それで南平台へ戻ってきて、通常国会へ臨まれるというのが例年のパターンですか。

三木　そうですね。そのころは、けっこう真鶴へよく行ってましたね。私は動き回るのが面倒くさいほうですけれども、彼はお休みというと「どこへ行こうか」って。どこの習慣なんでしょうかね。

竹内　しかし、武夫さんは日記が続かないというか、大体一月の第一週で毎年終わっちゃっていて（笑）。

三木　そうそう。日記は二日か三日書けばお終いになっちゃうんですね。

竹内　一年だけ九月まで続いている年が、七〇年代後半であったんですけれども、あとは二日とかで。

三木　それでも、暮れになると「日記帳を買いに行こう」って言って出かけるんです（笑）。日記帳、もらったのがこんなにあるんです。なかなか立派なのもあるんですけれども、人の選んだものは気に入らないらしくて、もらったのは使わないで、必ず自分で選ぶんですけれども、長続きはしません。

竹内　そのあとのニューヨークは睦子さんも一緒に行かれたんですか。

三木　行かなかったと思います。

竹内　武夫さんは、わりあい外遊はお好きなほうですか。

三木　ええ、外を歩くのは平気でしたね。外国へ行くのは平気でしょっちゅう。

「徳島戦争」について

小西　次に、「徳島戦争」と呼ばれる一九七四（昭和四九）年の七夕選挙についてお聞きしたいのですけれども、相当ご苦労された選挙だと思うんです。一つは、後藤田正晴（衆議院議員。内閣官房長官・法務大臣等歴任）さんはなぜあそこまで無理して出ようとされたのだとお考えですか。

三木　三木は、「軽井沢浅間山荘の攻防戦で名を売っているのだから十分当選できるから、全国区でお出になさいよ」って言ったのだそうです。何で徳島で出なければならないのか、よくわからないのですけれども、徳島にこだわっておしまいになったんですね。しかも、今まで公認だった久次米健太郎（参議院議員）さんを差し置いて、公認も取りお出になったので、この選挙、後藤田さんにしてみれば安泰な楽な選挙のはずだったんです。三木にしてみれば、今まで実績のある人を差し置いてまで出てくるというので、「全国区で出れば最高点で出れるのに」って、「あれだけ軽井沢攻防戦で名を売っているのだから」って僕が言うのに、どうして徳島で出るんだろうなんて思っていたらしいんですけれども。

いよいよ戦いが始まってみると、三木はたしか何か役に就いていたんだと思うんです（当時副総理）。自分が現地へ行くわけにいかない。選挙が始まったら手を引くと最初から言っていたものですから、私の弟が、そんなこと言ったって、この選挙勝たなきゃ三木は台無しになると思っちゃったらしいんですね。それでさっさか自分が徳島へ入って選挙を始めたら、すっごい怖い選挙で、弟は気が弱いので、「僕は徳島にいられないから帰る」なんて、じきに悲鳴を上げる人だったんですけれども、でもそこで久次米さんが負けたら三木の面目が立たないんですよね。長い間やっているし、三木・田中戦みたいな話になっていましたから。だけど三木自身は徳島へ行って選挙の指揮を執るわけにいかない。だから東京にじっといるわけです。弟が、それじゃ三木に対して何とか勝ってこなきゃどうにもならないといって、久次米さんの応援に出ていったんです。三木は兄弟も何もないから、私の兄弟がみんな一生懸命応援してくれたんです。さて、選挙をやってみると、「僕は怖くて、怖くて」って毎晩のように悲鳴を上げてくるんです。弱虫ですから。久次米さんのために一生懸命、しかも公認を取り消されてますしね。二回目の立候補だったのに、後藤田さんが公認を取り付けているし、どうしても勝たせたいというので、悲鳴を上げながら弟が陣頭に立って一生懸命応援してくれたんです。

ともかく勝って帰ってきてみたら、何のことはない。「選挙というのは一生懸命やれば当選するんだわ」とか何とか偉そうに言うんですよ。途中で悲鳴上げて、「怖いよ、怖いよ」と言っていたくせに、ばかに偉そうなことを言ってましたけども。

そのときに後藤田さんは負けて、選挙というのは簡単なものじゃないとお思いになったんだと思いますね。後藤田さんというのは、いわゆる名門なんですよ。ただ、ご両親が早く亡くなったものだから、お姉様の婚家先で育てられたというので、だいぶん郷里とかけ離れたところなんですけれども、後藤田といったら、徳島では誰でも知らない人はないぐらいの、いわゆる名門です。その選挙はみんな血道を上げて夢中になっていました。

小西　睦子さんは直接関わられたことはないんですか。

三木　私はないです。うちはひっそりしていようということで。一度徳島に帰ったことがあるんですが、それは法事か何かだったかもしれません。

小西　後藤田さんが出てくる背景として田中角栄さんがいるんですが、それは意識されたことはありますか。あるいは武夫さんが意識されていたとか。

三木　後藤田さんは、軽井沢の攻防戦で全国に名前が知られているから全国区で出るべきだということをしきりに言って、後藤田さん自身にも直接そんな話もしたと思いますし、たぶん田中さんにもしたと思うんです。だからその意見に従っていれば、後藤田さんも恥をかかずに済んだのに。

小西　後藤田さんの回顧録を見ますと、三木家とは遠縁に当たるみたいなことを書いているんですが。

三木　そんな名門じゃないです、うちは。後藤田さんの家は、いわゆる名門です。徳島では名だたるお家柄のようですけど、三木さんちは、そんな。後藤田さんのところで足軽でもしたのかどうか知りませんけれども（笑）。

小西　久次米健太郎さんというのは、どういう方だったんでしょうか。

三木　久次米さんというのは、県会議員を長いことしていた人です。久次米家というのは昔からの名門なんです。大きな屋敷で黒塗りの塀がずらっとつながるようなお家でした。三木家なんて塀も何もないような。

小西　この七夕選挙のあと、武夫さんが「選挙の腐敗と選挙改革」ということを言われるのですけれども、これは相当ひどい金権選挙だったというふうに聞きます。

三木　そうなんですね。選挙のときはもう後藤田さんはお金持ちじゃないと私は思うんです。お父様もお母様もいないんですから、昔は名門だったかもしれないけど、そんなにお金がだぶついているようなお家じゃないと思うんですけれども、ともかくあっちこっちからお金を集めて、例えば漁業組合とかそういうところへ。でも農業団体は久次米さんの側だったから。それが結局、徳島の小さいところの、しかも島国の選挙なのに、全国の選挙みたいになっちゃったわけですね。農林関係はどっちへ付く、漁業関係はどっちへ付くというようなことになって、ひどい激しい選挙になりました。久次米さんも貧乏な家じゃないんですけどねえ。後藤田さん自身は両親もいないんですから、ご自分でお金を捻出するというか、全国から集めちゃうということだったんだと思います。その選挙はすごく激しい選挙でした。

三木も自分で選挙に行くわけにもいかないし、ただじっと様子を聞いているだけでしたけれども、けっこう力を入れていたんじゃないかなと思うんです。ただ、うち自身は何もできないんですよ。だから弟から「僕、怖いから帰る」とか何だとか言われると困っちゃっていたんです。その選挙に勝ったものだから、三木はそれで、まあまあ一安心しちゃったんだと思います。

後藤田さんには、「だから僕は全国区でやりなさい。九州も四国もあなたの選挙区にしたらいいんじゃないかって言ったじゃないか」って、あとで言ってましたけど、そんなこと言ったって選挙しちゃったあとに。

小西　相当警察の圧力みたいなものがあったんですか。

三木　大いにあったんです。弟が怖がるのはそれなんです。

竹内　武夫さんは徳島に入れずに、三木派の議員が応援に行かれたわけですね。

三木　そうです。
竹内　みなさん、決死の思いで徳島に行ったというようなことを言ってますね。
三木　そうそう。
竹内　一方で田中総理は三回徳島に入って応援していて、向こうのほうが優勢だと見られていたんですか。
三木　それはそうでしょうね。官憲の力も借りていますからね。
竹内　格さんは徳島にはり付いていらっしゃったらしいんですか。
三木　格は、そのとき東大が試験をしなかったものですから、金沢大学の試験を受けたんです。それで受かっちゃったんです。親も子も合格の通知を見たら、来年もう一度苦しい試験勉強をするのがいやになって、とうとう金沢へ行っちゃったんです。そして、金沢から徳島へ通っていたみたいです。
　そのころは、私たちは三木のあとは格がやるのかなと思っていたんですけど、金沢に行っている間にひょいっとおたくの先生に誘われてアメリカへ勉強に行っちゃったんですよね。三木にしてみれば、先生がいろいろ面倒みてくださるから、遊びすぎないようにしてくださると思っていたんでしょうけど、帰ってきたら山一證券へ入社していたというので、私はビックリしちゃって。
竹内　紀世子さんや、啓史さんは、選挙で徳島には入られていないんですか。
三木　紀世子はしょっちゅう帰っていましたね。

竹内　久次米さんの応援を？
三木　たぶん久次米さんの応援をしただろうと思うんですが、忘れてしまいました。まだそんな年じゃなかったかしら。
渡辺　三〇代じゃないかな。
三木　三〇代だったら行ってますね。紀世子は、選挙だとか国会だとか大好きですから。

副総理辞任

小西　この選挙が終わった直後に武夫さんは副総理を辞任されますよね。
三木　みんな一緒に。
小西　田中内閣瓦解なんですが、まず辞められた事情についてお聞きします。一つは、この選挙というのは大きかったんですか。反旗を翻したとか、あるいは田中―三木戦争という意識は。
三木　そうではないと思います。別に選挙で辞めたという記憶はございません。
小西　三木派の研修会の中で田中内閣批判をされていて、金権政治、インフレ、公害、いろんなことを挙げていらっしゃる。やはりそういったものが蓄積されていたというふうに考えてよろしいでしょうかね。
三木　はい。
小西　副総理を辞められることについて、何か事前にお話はされていましたか。

三木　したか、しないか、忘れてしまいました。いちいち懇切丁寧に説明する人じゃありませんでしたけど、「今度辞めるよ」とか、「だからやるんだ」とか、ちょっと短い説明は必ずありました。私が、それにこたえられるだけの力量を持っていればいいんでしょうけど、何もわからないから、ただ報告みたいなことだけでした。

小西　このときは、福田さんとの打ち合わせをかなりされていたんですか。

三木　でしょうね。

小西　福田さんはここの南平台へ見えたりされたんですか。

三木　ここへは見えませんでしたけど、隣に娘の家がありますから、向こうの玄関を上がって娘の家で待っていて、お互いに。おもてだと新聞記者に見つかるので。

小西　そういった形ではしばしばいらっしゃったわけですか。

三木　はい。

田中金脈問題

小西　副総理を辞められて、さらに数カ月経って田中金脈問題というのが読売新聞に出てくるんですけれども、この田中金脈問題というのは、睦子さんはどんなふうに見ていらっしゃいましたか。

三木　いろいろあって憶測のほうが大きく飛んだんじゃないかと思うんです。

小西　睦子さんから見て田中金脈問題というのは、あの人ならそういうこともあるわな、ぐらいの思いはあったんですか。

三木　そうですね。田中さんて非常に人情に甘いというか、人情味豊かな人だから、持ちかけられれば受け取っちゃったかなという気はあるんです。

小西　武夫さんは、このころ金脈問題について何かおっしゃっていましたか。

三木　あんまり政治の話をしない人でしたけれども、田中さんに対しては最後まで敬意は表してましたよ。

川島　それはどういう敬意なんでしょうか。

三木　きめ細かな配慮の届く人だということじゃないでしょうかね。私が自分の目で見て驚いたのは、川崎秀二（衆議院議員。厚生大臣）さんが亡くなって、三木派でしたから、私は早速にお悔やみに行っていたんですね。そしたら田中さんもいち早く現れて、お金の包みをそっと枕の下へお入れになったんです。私は見ていたんですけれども、誰も見てないと思ってお入れになったのか、一人や二人見てたって仕方がないとお思いになったのか。今亡くなったら、とっさに次の瞬間にお金がいるというのをわかっていらっしゃるんですね、あの人は。私なんか一日、二日、お金のことなんか考えも及ばないけれども、たぶんパッパッと頭が働いて、お葬式でお金がいるとお思いになったらしくて、スーッと枕の下にお金をお入れになった。なるほど、こういう気の遣い方が、あの人の今までを持ってきたのかなと思いました。田中さんという人はお金の使い方が上手だったんじゃないでしょうか。だって、今死なれたら、、次の日からお金がいるんですから。だけど、そこにスッと頭が働くというのは、やっぱり田中さんって偉い人なんだなと思いましたよ。

小西　武夫さんは、副総理を辞められたあと、田中内閣が崩壊するころまで、どういった活動をされていたかご記憶はありますか。かなり講演はされていたそうですが。

三木　そうです。あっちこっちへおしゃべりにはまいっておりました。外国旅行にも出ていたんじゃないかしら。

小西　ポスト田中ということでは何か動きはされていたということではないですか。

三木　そんなことはありません。ただ、椎名裁定のあと、「どうせ僕がやることになるよ」とか何とか言っていたんですけど、それは予想していたんだか何だか、私にはよくわかりませんでした。

一〇　椎名裁定と三木内閣の誕生

金脈問題への批判を受け、田中角栄内閣は一九七四（昭和四九）年一一月二六日に総辞職した。後継総裁は自由民主党の椎名悦三郎副総裁が指名することになり、三木武夫、大平正芳、福田赳夫、中曽根康弘のなかから選ばれると見られていた。水面下において、各陣営は活発に動いており、三木も、自派閥の議員に情報収集にあたらせたり、他の総裁候補者と会談している。また、椎名にも自らにも近い関係にあったサンケイ新聞の藤田義郎を通じて、自らが後継総裁の指名を受けるべく椎名の意向を探った。その一方で、三木は民社党とも接触し、新党結成について協議していたといわれる。

裁定の前日の一一月三〇日、自らが指名されるという情報を藤田から受けた三木は、藤田ととともに椎名が発表する裁定文の作成に着手した。また、睦子氏をはじめとして家族を集めて「大変なことになった」と述べ、自らが後継首班となることを示唆している。

一二月一日、椎名は「神に祈る気持ち」で後継総裁に三木を指名した。指名を受けた三木は「青天の霹靂」と述べた。

椎名による裁定後、四日の自民党両院議員総会で、三木は正式に自民党総裁に選出された。選出後のあいさつで、三木は、自民党の危局を乗り切るため、挙党一致の協力を求めた。そして、九日、三木は衆参両院において首班に指名され、第六六代内閣総理大臣に就任したのである。

椎名裁定後、睦子氏は虫垂炎に罹り、日本医科大学に入院していた。

（竹内　桂）

椎名裁定をめぐって

小西　椎名裁定のお話が出たので、その辺からお聞きしたいと思います。まず、椎名悦三郎さんは、どういうお方だったのでしょうか。

三木　椎名さんの奥様は私の学校の先輩でございまして、すごく偉いというか、何かというと、「睦子ちゃん、何とかよ。あれをなさい、これをなさい」って言われて、こっちはうんと年が離れていますから、こき使われちゃうみたいなことでしたけれども、椎名さんとは直接関係はないんです。奥様は学校の先輩でもあるし、何やかやとご指示を仰いでおりました。

椎名さんという人は、私たちの知る間では、大変真面目で真っ直ぐな人のように思いますね。昔のああいう立場の人だったら、たいていお妾さんがいたり、いろいろするのが当たり前みたいでしたけども、もうそういう時代ではなかったんじゃないかと思うんですね。田中さんは別ですけど。

小西　武夫さんは戦前から、椎名さんが商工省にいらっしゃったときからよくご存じで、三木答申をつくられたときにも、かなり党の近代化ということに椎名さんが賛同されたというふうに聞いているんですけれども。

三木　でも、三木答申を出したときに、ホイッて椎名さんは受け取ってポケットへ入れておしまいになって、「あれは役に立たなかったかな」って言ってましたけど。みんなに回して読みましょうとも何ともおっしゃらないで、ポケットへ入っちゃったんだと言ってました。

小西　それは読まなくてもわかるからということなんでしょうかね。

三木　さあ、どうだったんでしょうか。三木の言うことなんか聞いていられるかというようなところもあったんじゃないでしょうか。

小西　椎名裁定に至る過程というのは、私たちにはわからないことばかりなんですけれども。

三木　ほんとですね。あれは訳わからない。椎名裁定のときは、三木もその場にいたんじゃないかと思うんですよ。

小西　前日に、まずお電話が……。

三木　会合しているんですよね。会っていろいろ話をしていると思うのに、それは新聞には出てこなかったですね。そのとき椎名さんは、ご自分が総理になるおつもりがあったという噂もありますけどね。椎名夫人の態度から見ると、完全に椎名さんが総理になるつもりでいらしたんじゃないかなと、そういうような感じが……。

川島　その態度というのは、どんなようなご印象だったでしょうか。

三木　椎名夫人は学校の先輩ですから何でもずけずけおっしゃるんですけど、どうも大事な話がどっかでそれたんじゃないかなと、おっしゃりたいような様子だった気がするんです。

川島　それは椎名裁定のどれぐらい前ですか。

三木　裁定の前じゃなくて、裁定のあとです。ああいう裁定を出したら、三木さんは「私みたいな若造はどうかと思いますから、椎名さん、なさいませ」とか何とか言うんじゃないかと思っていらしたかなと。

竹内　大平さんがつぶしたという説が……。大平さんは裁定の前に、こちらの南平台に来て、武夫さんと話をしたわけですね。

三木　それは隣にいらして。今は子どもが生まれてごちゃごちゃしてますけれども、そのころは、まだもう少しちゃんとしていたので。

小西　椎名裁定の前日には、福田、大平、三木、中曽根という人たちが会談をしていて、その前の日に、武夫さんが椎名邸を訪問しているということがあるんですけれども、この辺のことは覚えていらっしゃいますか。

三木　そういうことでしたね。ですけれども、内容が何を話したのかはよくわかりませんけど、三木もそんなことは言わなかっただろうと思います。

川島　先ほどおっしゃった、武夫さんが「どうせ僕になると思うよ」みたいなことは、どの時点で言ったんでしょうか。

三木　どの時点でしたかね。候補者がみんな椎名さんのところへ集まったときに、そう思ったんじゃないかしら。

川島　そうすると、その候補者が椎名さんのところに集まって、終わって自宅に帰っていらしたときに。

三木　そう思いますね。

小西　椎名裁定に藤田義郎（産経新聞記者）さんがいろいろ活動されたと言われているのですが、何か印象みたいなものはありますか。

三木　藤田さんという人は、しょっちゅうここへも見えて、古い政治記者でしたから、椎名さんのところへも入り浸っていたみたいなことですね。だからいろいろ情報を持っているし、彼自身の考えも進言していたんだと思います。

小西　藤田さんは、椎名さんと仲が良かったということですか。それとも武夫さんとの仲が良かったんですか。

三木　椎名さんとは非常に仲が良かったです。お家の中に上がり込んでいろいろ大事な相談にも乗っているんですからね。

竹内　椎名さんの側近と言われていました。

三木　そうそう、そんな感じの人でした。

竹内　その一方で、三木番の記者が集まっている一七会《いちなな》ですか、あれにも加わっているんですよね。

三木　そうです。古い人ですからね。一七会というのはずいぶん古くから、三月一七日が三木の誕生日で、誕生日の祝いをしているところへドヤドヤと新聞記者が入ってきたり何かして、一七会になってしまったんです。一七会というのは、ここへ引っ越してくる前からです。

ともかく私は、吉祥寺の田舎に住んでいたのでは仕事にならないと思ったものですから、ここの土地を見つけだして、ここにしたいと思って、参議院の鍋島直紹（佐賀県知事・科学技術庁長官等歴任）先生やら、井出先生やらに相談したんですね。そしたら「ここは国会へも七分で行けるし近くていいや」って先生方がおっしゃってくだすったので、ここに家を建てるつもりにしておりました。そして三木に話をしたら、「僕はそんなところに住むつもりない。吉祥寺は、夜一時間、朝一時間半、ものを考える時間があるのがいい。僕は気に入っているんだ」って言うんです。主の殿が気に入っているのに、私ひとり引っ越すわけにもいかないから、そのままになっておりましたら、一〇年ぐらい経ってから急に「家を建てたまえ。引っ越すよ」と言い出したんです。それから慌てて私が設計図をかいて、半年ぐらいの間にここの家をでっち上げたんです。自分は、家をどうするの、自分の部屋はどうするのって一言も言わないのに、もう引っ越すつもりになっちゃっていて、「家を建てたまえ。引っ越す」と、何というのか、相談に乗らない人なんです。

一年近くかかって家をこしらえて、いよいよ引っ越すという日に、庭へ長々と寝そべっていて、なかなか腰を上げないんですね。五月の初めだったと思うんですけど、「さあ、出かけましょ。荷物も全部運びましたから」と言うのに、知らん顔しているんですね。暮れ方になってしまったら道も混むしなんていってようやく連れ出したら、そのときまずどこへ行ったかな、途中で何とおっしゃったか、外交官上がりの偉い方が途中の高円寺からもうちょっとこっちへ来たところに住んでいらして、そこへちょっと寄って、「武蔵野を引き揚げます」と挨拶をして、こっちへ来たんです。自分で何も積極的に動かないくせに、わがままな人でございました。
竹内　一七会は、吉祥寺の段階ではもう番記者が集まっていたわけですね。
三木　もうありました。三木が三月一七日生まれですから、三月一七日に必ず集まってましたし、そんなことで一七会というのは昔からあったんです。
竹内　椎名裁定の前後でいろんな人が入ってきたと思うんですけど、木村武雄（衆議院議員。建設大臣等歴任）さん、この人がたまたま来たときに、「あんた、えらい人連れてきたわね」と睦子さんがおっしゃったと書かれています。木村武雄さんというのは、どのようにご覧になってますか。
三木　けっこう楽しい人でしたよ。奥様が府立第一だったのかな、先輩だったんじゃかしら。豪放磊落というような感じの人で、この奥に住んでいらしたんですよね。ここから二〇～三〇分しか離れていなかったと思うんです。いつも通りがかりに寄っていらしたけど。何かというと、いろいろ情報を持っていらしたり、何かしていたんだと思います。
竹内　木村さんも明治大学出身ですが、つながりはございましたか。
三木　学校のつながりというのは、あまり感じなかったですね。
小西　椎名裁定の一二月一日のとき、藤田さんは前の日の九時半に、椎名の使いとして三木指名を伝えたとなっています。睦子さんが、椎名裁定の結果として武夫さんに指名が下るんだと知るのは、前日ですか。

三木　椎名さんのお家へ三人集まっていたときに、もう三木はそのつもりになっていたみたいです。だから、正式にそういうお話があったときは、自分でやると思っていたんじゃないでしょうか。

小西　前日ですから、一一月三〇日の夜中に家族を集めて「大変なことになるかもしれない」とおっしゃったと書かれているんですが、やはり皆さんを集めて。

三木　皆さんといっても、あの人は一人ぽっちの人ですから、私が生んだ子どもたちぐらいです。

小西　ご家族の皆さんは、どういう反応だったんですか。来るものが来たという感じですか。

三木　そうですね。それに娘の婿が、医者ですけれども秘書官をしていたし。子どもたちはみんな大人でしたから、パパしっかりやってよ、とか何とかも言いませんし、フンフンと聞いていただけだと思います。

竹内　武夫さんが公明党や民社党と組んで新党をつくる構想を持っていたというので、それを防ぐために武夫さんを指名したという説があるんですが。

三木　それは時期がずれてますね。もっと前だと思いますよ、別の党をつくろうかと言ったのはね。公明党や何かを誘ったとは思いませんけれども、ともかく一度は、しょうがないから新党でもつくろうかと思ったときがあったんだと思います。それが、河野さんが先んじて新党ができたものですからね。本当は構想が同じですから、一緒にやれればよかったんでしょうけれども。

小西　椎名裁定の連絡を幹事長室で武夫さんが聞いたときに、世間では「青天の霹靂」というの

首相就任時の三木

が非常に言われています。「青天の霹靂」というのは、この発言によって有名になった日本語だと思うんですけれども。

三木　そうですね。

小西　武夫さんは、こういう言葉はたまに使ったりされていたんでしょうか。

三木　青天の霹靂という言葉を使ったことはないかもしれませんけれども、漢字というか、漢文ですね、（そうしたものは）よく読んでいたみたいです。というのは、何しろ明治生まれの人ですから、我々とはちょっと時代が違うんですね。しょっちゅう難しいことを言っているみたいな気がしますけれども、それは特に難しいことを言っているのではなくて、そういう時代に育ったんじゃないかと思うんです。

小西　青天の霹靂というのは準備されていたんでしょうか。別の説だと、青天の霹靂とはおっしャらずに、「まことに意外である」とかそういうことをおっしゃったのが、あとから「青天の霹靂」に変わったんだということをおっしゃる人もいるんですが。

三木　いや、やっぱり「青天の霹靂」が、彼自身の口から出た言葉だと思います。明治の人ですから。

小西　総理に決まったときには、睦子さんとしてはどういうお気持ちでしたか。

三木　当然のめぐり合わせだなと思います。もとから一度は自分がやっていきたいというようなことを考えていたものですから、当然の成り行きと思っていたんですけれど、たまたま私は、そのとき盲腸で入院しなければならなかったりして、ちょっとややこしい。

秘書官をしていた婿は医者ですし、お祝いに来てくだすっていた三木の主治医だとか、私がいつもお世話を願っているお医者様だとか、家にいらしてくだすっていたものですから、婿が車を運転して先生方もみんな付いて病院へ行ってくだすったんです。そのとき、盲腸だと自分は思わなかったものですから、おやおや、おやおやと思って。でも、付いていってくだすったお医者様がすごく気が利いていて、黙って手術後は大部屋みたいなところに私を置いてくだすったんです。周りの人はそういう騒動の中を来たとはご存じないものですから、「手術したあとは痛いでしょうけれども、ここで我慢するのよ」とかいろいろ教えてくださるんですね。それで私も、ここの部屋に置いてくだすってよかったなと、慰められますからね。一人ポツンと置かれたら、どんなだっただろうと思うけど、そのときにみんなずらっと並んで置いていかれて、よかったと思いましたね。

翌日から個室へ移ったわけですけれども、しょっちゅう電話がかかってきて「ちょっと来い、ちょっと来い」って、三木のところへ、一週間入院している間に三回ぐらい通ったんです（笑）。何でだかわからないんですけども、私がいたほうが便利だったのかもしれませんけれども。彼はあのときホテルオークラの二階に部屋をとって、マンションみたいに使っているところがあったんですね。福島慎太郎さんがやっぱり二階に住んでいらして。ホテルオークラに組閣本部みたいなものをやったんです。だから私は、病院からそこへ一週間のうち二回か三回、夜、先生がいなくなると抜け出して。

竹内　そのとき亘さんはそばにいなかったんですか。

三木　そうだと思いますね。

竹内　睦子さんは寝ていて、何で呼ばれるんですか、というようなことにはならなかったんですか。

三木　何で必要としたのかよくわかりませんけど、年中一緒にいたから、いないと具合が悪かったのかどうか。

竹内　武夫さんが国会で首班指名されますね。その日は入院されていて、病院からテレビをご覧になっていたんですか。

三木　はい。

竹内　そうすると、武夫さんが具体的にどういう組閣の作業をされていたかということは、ご存じではなかったんですね。

三木　いえ、それで呼ばれていたんだと思います。誰をどこへ据えようかということで、私の知恵なんかは必要とはしなかったけど、そばにいるというだけでも、いろいろ知恵が出てくるのかもしれません。よくわかりませんけども、「来い」と言うから、「はい」って、大変従順な奥様でございました（笑）。

小西　入院されていて大変な上に、それこそ晴れ舞台もいいところじゃないですか。睦子さんからの期待もありますでしょうし、武夫さんは大変だったと思うんですが、いろんな雑事といいますか、人の応対とかは、どういった方がされていたんですか。

三木　まず私が入院しなければならないというところで、私と血のつながりのある兄弟は全部私の看病のほうへ回って、血のつながりのない、つまり兄嫁だとか、弟嫁だとかいうのが、ここで番をしてということで、あっという間にその手はずができましてね。それはありがたいことでした。だから、私なんか考えも及ばないことを姉たちがサッサッと決めて、サッサッといろいろしてくれていたんです。組閣のあとのごちゃごちゃは何もなくて、うまいことみんな順調に運んでくれてました。そういうときに三木は一人ぽっちですけど、私は兄弟九人ですから、すごくうまくいくんですね。九人の兄弟の義理のあるほうは全部三木の周りをかためて、直接の兄弟は私の周りをかためてくれて、たった一週間でしたけど、ずいぶんうまいことやってくれました。

小西　ほかに、その瞬間のときの思い出はありますか。総理になられたことによって、こんなことが変わったとか。

三木　ともかく三木は一人っ子ですからね。兄弟でもいれば相談相手とか何とかになるんですけど、誰もいないから結局、頭が悪くても何も知らなくても、私がそばにいたほうがよかったのかなと思うんですね。それで、夜遅くに迎えが来て、それこそ何をするわけでもないんですけれども。

三木内閣時代

小西　組閣のときの話で言うと、いろんな人の名前が挙がってきたと思います。三木内閣というと、民間の人の永井道雄さんが入閣されましたが、以前には睦子さんが書かれたものを見ると、大原総一郎（倉敷レイヨン社長）さんとか、鳩山薫子さんとか、そういった名前が挙がったということですが、武夫さんのほうから、「こういう人はどうだろう」というお話はありましたか。

三木　そうじゃなくて日ごろ、例えば夏休みなどに時間的にゆっくり話す時間があると、ひょいひょいと彼が「大原さんにちょっと来てもらって、お茶でも一緒に飲もうか」というようなことを言ったりするんですね。たぶんそういうことで大原さんに打診していたのかなと想像したわけですけれども、鳩山のおば様は私が小さいときから「おば様、おば様」と言ってましたから、お人柄もよく知っているし、私も存じ上げている方たちの名前は、しょっちゅう出てきましたね。

「もし僕が組閣することがあったら、大原さんは文部大臣」なんてなことをチラッと口にしたりするものですから、本当にそういう時期が来たのかなという感じで。

小西　それが永井さんになった理由は何かあるんですか。

三木　永井さんも、ここの家へ引っ越してきたら近いものですから、よく「自家用車でまいります」なんて言うから自動車で来るのかと思ったら自転車で（笑）。確かに自家用車ですよね。しょっちゅう見えたりしていたものですから、みんなそれぞれに普段からいろいろ知恵を出してもらったり何かしていたんです。大原さんなんかもとても頼りにして、軽井沢などに行くとしょっちゅうお目にかかっていたんです。大原さんを起用できなかったのは残念だと思いますけど、あんなに早く亡くなるとも思わなかったし。

小西　あのとき三木派から井出一太郎さんと河本敏夫さんと二人、一人は官房長官、一人は通産大臣として入られるのですが、ほかにもできたら三木派からもって入れたいという思いが強かったのでは。

三木　そりゃ、あったと思いますよ。だけど自分の派だけでというわけにはいかなかったんだと思います。それがずいぶん苦労の種だったと思います。

小西　各派閥から、こいつらを入れろという圧力があるんですかね。

三木　そうそう、いろいろね。

小西　官房長官に井出さんではなくて海部俊樹さんをという話もあったらしいですが、それはお

組閣

聞きになってますか。

三木　はい。

小西　海部さんではなくて、井出さんになった理由みたいなのは何か。

三木　官房長官はもう少し重いほうがいいと思ったんでしょう。

小西　宇都宮徳馬（衆議院議員。実業家）さんが環境庁長官に就任するのじゃないかという下馬評があったんですが、入られなかった理由について何か。

三木　私は存じませんけど、たぶん宇都宮さんは、ご自分の考えで「応援はするけれども、入閣はごめんだ」というようなことをおっしゃっていたんじゃないかと思うんです。宇都宮さんとは仲良しして、ずいぶんいろいろ意見の交換もしていましたから。

小西　睦子さんに明治大学の軍縮平和研究所の特別顧問をしていただいているのですが、宇都宮さんに対して何か思い出みたいのはありますか。

三木　宇都宮さんは年に一回、桜の時期かしら、ご招待があるんです。必ず行って、三木が行くと、宇都宮さんはほかの人のお接待をしないで、二人でごじょごじょ、ごじょごじょ何か話していて、私たちも邪魔するのは悪いから、なるべく遠慮しているんですけれども、すごく仲良しでしたね。意見が合うんでしょうかね。宇都宮さんのところは遠いんですけど、神奈川県になるのかな、県境ですけど、行くと二人きりでいつまでも。ほかに大勢お客様がいらっしゃるのに、それは全部奥様がお接待していました。宇都宮さんとは大変仲良しでした。

小西　三木内閣全体として、睦子さんから見て、内閣の陣容というのは人を得た人事と思われたのか、仕方がないと思われたのか、その辺はどういう印象をお持ちでしたか。

三木　私はそのときどんな考えを持ったのかしら。しょうがないなと思ったんでしょうかね。

小西　党三役は、幹事長が中曽根康弘（首相）さん、総務会長が灘尾弘吉さん、政調会長が松野頼三さんですが、この三人とはかなり仲が良かったんでしょうか。

三木　そうでもなかったと思います。松野頼三というのは、私は子どものころの呼び名で頼ちゃんと言うんです。両親がすごく仲良くしてましたから、子どものころからの知り合いなんです。頼ちゃんは、そういうわけで親しかったんですけど。灘尾さんは、奥様とは行き来がありましたけど、灘尾先生とはあまりお話ししたことなかったんですが、お近くに住んでいらっしゃるんですね。大通りの向こう側に住んでいらして、私は、いろんなことで灘尾先生って偉い方だなと思って敬意を表してはいたんですけど、直接話をするほどの親しさではなかったんです。だから三木が灘尾先生に助けられるというのは、とてもいいことだと思っておりました。

小西　中曽根さんはどういう方でしたか。

三木　中曽根さんは調子のいいときは調子がいいんだけど（笑）。他人様のお席で、今でもしょっちゅう会いますけど、「ヤァー」とか何とか言っておしまい。会ってしみじみとお話をしようとならないのよ。だけど長い政界の歴史があるから、本当はしみじみあれやらこれやら話ができるはずなのに、それがどうもしっくりいきませんね。向こうもそうじゃないのかしら。

竹内　改進党から武夫さんと同じですね。ただ、武夫さんが首相になられるまで、あまり接点がないように思うんですが。

三木　そうそう。

小西　武夫さんも、やはり同じような感じなんでしょうか。

三木　ええ。

渡辺　こういう見方はできませんかね。中曽根さんは東大の官僚タイプの人。武夫さんのほうは私立出の人間味のある人。そういう肌合いの違いみたいなところがあるのじゃないですか。

三木　そうですね。大いに違いますね。

渡辺　今の中曽根さんのご挨拶の仕方なんか見ても、ちょっとそれを感ずるものですから。

三木　中曽根さんがお立ちになっておしゃべりになると、ほんとにソツのない演説をなさるんですけれども、どこかしみじみしたところがないんですね。

渡辺　わかるような気がします。

竹内　松野さんの話に戻るんですが、睦子さんが、ひょっとしたら松野さんとご結婚されていたかもしれないと（笑）。

三木　子どものころからのお付き合いですからね。私の両親は、「松野さんのお兄ちゃんはすごく頼りがいがあるけれども、頼ちゃんは遊び人だからな」とか（笑）。ところが私にしてみれば、子どものころからの付き合いで、頼ちゃんのほうが気安いわけ。お兄ちゃんは戦死なすったんですけれども、これはお付き合いしたことないけど、どっちかというと堅い人だったようです。

竹内　松野頼三さんと睦子さんは、歳はご一緒ですね。

三木　はい。頼ちゃんのほうが何カ月か早く生まれているでしょう。松野さんのお母様というのが野田大塊翁（卯太郎・戦前の衆議院議員。逓信大臣・商工大臣）のお嬢さんですけど、なかなかの人で、文字を書かせても闊達な字を書くし、松野先生からの手紙というと全部奥様が代筆しているけど、誰も代筆だとは思わないであろうと思うような、男みたいに闊達な字を書くし文章もなかなかだし。

竹内　お父様の松野鶴平（参議院議長）さんも政治的に近かったんですか。

三木　特別にお家へ訪ねたりはしませんでしたけれども、宮中の園遊会などでご一緒すると、必ず若い奥様を連れていらっしゃるのね。頼ちゃんのお兄さんの奥さんなんです。お兄ちゃんという方が戦死なすったんだと思うんですね。だから一人でかわいそうだというので、おじいちゃんが必ず宴会に連れていらっしゃるわけ。私は、親同士が仲良くしていたものですから、「おじ様」って言ってそばに寄っていっていたんですけど、頼ちゃんとこんなに親しくなるとは。ともかく頼ちゃんは遊び人だからというので（笑）。

小西　松野さんは福田派ですが、武夫さんの政治手法に非常に心酔していたというか、感心していましたね。

三木　福田さんが「三木さんとの連絡は君がやれ」って松野さんにおっしゃったんですって。それでしげしげと来るようになって、「三木さんというのはこういう人だと知らなかった。知っていれば、もっと早くから親しくなるんだったのに」って、そう言っていらしたんですけども。三木が亡くなってから、私は旧交を温めちゃって、しょっちゅうここで一七会と称して三木の周りにいらした新聞記者や何かが集まるんですけど、それにも松野さんがまるで会長のような顔して床の間に座っていらっしゃって（笑）。

小西　もう一つ、党の話をお聞きします。これは自民党の話ですので睦子さんはご存じないかもしれませんが、党としてあまりお金がなかった時期で、中曽根さんは幹事長として相当苦労したという話をしていらっしゃるのですが、党のことについてのご記憶はありますか。

三木　党の費用を何とかしようというので政治資金規正法をこしらえちゃったら、かえってそれが窮屈になって困っていたんじゃないかと思うんです。党の資金ということは、けっこう頭を悩ましていたみたいです。

政権を支えた秘書

小西　次に、政権を支えた秘書ということで、武夫さんを支えられたのが、竹内潔主席秘書官、高橋亘さんほか、省庁から外務省で北村汎さん、大蔵省から窪田弘さん、警察庁から三島健二郎さん、報道担当として中村慶一郎さん、こういった方々がいらっしゃるのですけれども、秘書の方で印象に残っているとか何か思い出ありますでしょうか。

三木　中村慶一郎さん、慶ちゃんは、今でもテレビなどで活躍してますけれども、このころはときたましか会ってません。彼のほうが忙しくなっちゃって。あとの方は、一七会という会合にときどき来てくださるんです。三島さんは日本航空にいるんじゃないかしら。大蔵省の窪田さんは、ちょっとこのごろ病気がちじゃないでしょうか。しばらく顔見てませんけど、お年賀状に病気がちのように書いてありました。窪田さんは、辛い思いをしていらしたんですね。それで私が「気の毒」って言ったら、うちの息子がしょっちゅう連絡をとって、窪田さんのことは末の息子がいろいろ伺ったり何かしていたと思います。みんなその後もけっこうお付き合いはしてます。

小西　首相というのは、相当秘書官に支えられないとできないものなんでしょうね。

三木　そうなんでしょうね。

小西　秘書の方というのは、高橋さんは別としても、ほかの方は朝定時にいらっしゃってとか、そういうことなんですか。
三木　そうなんです。三人でお互いに譲り合って、何曜日は君とか何とか言って約束をしているのじゃないでしょうか。
小西　秘書の方が南平台に見えるとか、そういうこともあるんですか。
三木　はい。しょっちゅう見えてました。
竹内　竹内潔さんですけれども、お母さんが君枝さんで、武夫さんが徳島から出てこられたときの下宿の……。
三木　下宿のおばさんなんですけど、どういう関係なのかしら。
竹内　久我山ですか。
三木　そうそう。今、有名な女優さん、名前がひょいと出てこないけど、が前に住んでいらして仲良くしていたみたいです。このごろよくテレビにも出てくる女優さんですけど、その方たちのご姉妹が竹内の家の前に住んでいらして、おば様に当たる人かな、私の学校の府立第一の一級上にいらして、そのころのことだから隣近所けっこう仲良くやっていたみたいですね。
竹内　武夫さんと竹内さんは、それ以来の付き合いなわけですね。竹内さんは中央政策研究所にいらっしゃったんでしょうか。
三木　九州大学だったんです。卒業して大きな自転車の、そのころ終戦直後ですから自転車なんかがすごく忙しい大きな仕事をしていて、そこへ引き抜かれて就職しちゃったのに、三木が「竹内を使いたいんだがな」って言うので、私、頼みに行ったんです。「せっかく使っていただく約束をしているのに、三木がどうしても秘書官にしたいと言ってますから」と頼んだら、「ご用が済んだら、いつでも返してください。竹内君なら私のほうで何とでもできますから」って、社長さんがすごく喜んで貸してくださる約束をしたものだから、自転車の会社を休職みたいな格好で来てくれたんですけど、そのうちに参議院議員なんかになったりね。

それで三木より先に死んじゃって、お葬式の日に三木が病気を併発したんだと思うんです。並んで座っていたら、ガクッとなったので、どうしたのかと思ったら、ちょっと発作を起こしたんでしょうね。それ以来立てなくなって。三木も年だったし、しようがなかったのでしょう。

総理への思い

小西　先ほどのお話で武夫さんが総理に決まったときに「当然のめぐり合わせだなと思った」というふうにおっしゃっていますが、以前お話を聞いたように、GHQの占領下でも一度は「三木さんどう?」という話があって、あのときは断ってよかった。でもそのあとずっと政治の日本を何とかしたいという思いが強い武夫さんにとって、このときが来たわけですけれども、それまでかなり総理への思いというのは強かったんでしょうか。

三木　そうだと思いますよ。いずれ自分がそういう仕事をするということは考えていたと思いますから。

小西　その面では何か具体的に総理になるための修行といいますか、努力といいますか、そういったものでご記憶にあるものはありますか。

三木　総理総裁というのはそれまで派閥に支えられていましたから、自分も確かに同志はしっかりした同志、井出さんだとかいう方たちがいてくれたからということで。自分も大事にしていただいたけども、彼自身もそういう同志の人を大事に考えて、例えば自分が夏休み軽井沢で静養するというと、必ず皆さんに来ていただいて、政治談義をするとかしておりましたから、たぶんいざというときに備えてそれが勉強会になったり何かになっていたんじゃないかと思います。

渡辺　三木さんを総理にというような周辺の雰囲気が自然に盛り上がってきていた、というようなことですね。

三木　そういうこともありましたね。

小西　特にロッキード事件のあと、そういうのが強まったというような思いはありましたでしょうか。

三木　うーん、そうですねぇ。あのロッキード事件というのが契機になったんでしょうね。

小西　党の近代化もそうですが、「クリーン三木」ということが非常に強調されてくるのが、あの時期です。

三木　もともと貧乏人の育ちですから、集まってくる人たちも清廉潔白ばっかりですね。何かちょっとできそうな人というのは、いつの間にやら離れていきます。

竹内　総理になられたのは一九七四（昭和四九）年で、GHQから話があったのが一九四八（昭和二三）年ですね。総裁選に出るまで二〇年、実際になるのに四半世紀以上、こんなにかかると武夫さんご自身は考えていらっしゃったんですか。

三木　さあ、考えてはいたでしょうね。

竹内　逆に言うと、マッカーサーの申し入れを断ったときに、いずれ自分にはチャンスがそのうちあるというお考えは。

三木　そうそう、そう思ったから断ってきたんですね。私の母が意外と政治談義を、ふだんはしないんですけど、いざというときにものを言う人で、マッカーサーに会ってこうだったという話をしたら、「それは当然。三木さんはいまがチャンスではない。もっとちゃんとしたチャンスが来る人だから」って言ってましたから。

小西　睦子さんからご覧になってどうでしたか。例えばGHQのときもそうですし、なられるときに、もうちょっと早く来ないのかなという思いは。

三木　私は、総理になってくれちゃ、こっちが困るので（笑）。とてもじゃないけど、私はついていけない。

小西　睦子さんが、椎名裁定以前に、これは武夫さんに政権のチャンスは相当近いなと思われ始めたのはいつごろでしょうか。例えば藤田義郎さんが『椎名裁定』（サンケイ出版）の中で、三木家を田中辞任のときに訪問したら、睦子さんが結婚のときに小西英夫という短歌の先生が、「君はいまこそ立つべし。政治の刷新は君の手にあり」という詩を書いてくださったのを思い出しますということを言っていらっしゃるのですが、次は武夫さんだという思いはあったんでしょうか。

三木 それはそうですね。田中さんが、失敗したというのじゃなくて、ご自分で墓穴を掘っちゃったみたいな格好ですから、そのときに周りを見渡しても、誰といったら、やっぱり反対の……。田中さんがああいうことをやったら、清潔な人をと、こういうことになりますから。

小西 小西英夫さんというのは、どういった方なんですか。

三木 歌人でございまして、徳島新聞か何かの主筆をしていらしたのかしら。すごく親しくしていたんですよね。三木が夢中になっていた少年野球というか高校野球、甲子園で、徳島商業が優勝したことがあるんですよね。そんなときなんかも一緒になって喜んでくれたり、徳商の野球部なんかにも応援してくれたり何かして。わりに静かな人なんですけれども、何かのときに情熱を燃やすという感じの人でね。歌人でしたから、歌詠みの方たちはよくご存じだと思うんです。

小西 結婚式にいらっしゃって、そういうのをくださったんですか。あるいは結婚のときに、それをきっかけにそういう詩あるいは歌を。

三木 いや、結婚とは関係ないと思います。三木の学生時代からの知り合いですから。私は何かのときに、きっと同窓会とか何とかのときに一緒に連れていってもらって、お知り合いになったんだと思いますけど、ずっと親しくしておりました。

小西　この詩というのは、いまもあるんですか。結婚のときにいただいた詩といいますか、君はいまこそ立つべしみたいな。

三木　私のところは戦争で焼けましたからね。だから何も無くなってしまったんですね。ことに三木の持っていた本とか書類とかいうのは全部徳島へ送りました。そして徳島で柏原さんといういわゆる徳島のお大尽というんですか、大きなお家で、しかも立派なお蔵もおありになるお家に届けたんですね。私は、土成村というところに両親の家があったものですから、そこへ荷物はともかく娘に残すべきものはそこへ送ったんですけれども、三木はお蔵のほうが安心だと思ったんじゃないですか。そしたらその貨物列車が焼けてしまって、だから昔の書類は何もないんです。

竹内　その書類は、柳行李か何かに入れて。

三木　柳行李というか、段ボールに幾箱も詰めました。

竹内　けっこうな量でしたか。箱数は。

三木　けっこうな量でしたね。

竹内　おおよそでもご記憶にありますか。一〇箱ぐらいとか。

三木　一〇箱やそこらあったと思います。わりに書類をいっぱい持っている人でしたから。焼けた家に中二階がありましてね。そこは書類がぎっしり詰まっていたんです。それをほとんど全部徳島へ送ったんです。

竹内　中二階というのは雑司ヶ谷の？

三木　雑司ヶ谷じゃなくて、目白に。

竹内　目白のときの家の中二階に書類を置いておかれて、それを。

三木　それを全部送ったんです。私は中身を全然知りません。結婚してじきでしたから。

小西　話を戻します。椎名裁定をめぐってマスコミが報道して、かなり不正確なものも多かったと思うんですが、過熱報道を前にしてどういった印象をお持ちでしたか。

三木　ちっとも覚えてませんね。全然覚えてないんですけど、何しろ新聞記者の人は表門から入ってきますから、三木は用事があると娘の家の門から。娘の家で、そのころはまだ娘もこんなに大勢子どもがいたわけではないので、たぶん椎名さんはいらっしゃらなかったと思いますけど、佐藤さんもいらしたし、皆さんそこでこちょこちょと密談をなすったんだと思います。

竹内　椎名裁定については毎日新聞から『政変』という本が出ています。中にいないとわからないようなやりとりまで書いてあって、こういうものというのは、睦子さんも当事者のお一人なんですが、読まれたときにどのように思われるんですか。

三木　私はそれを読んでないんですけれどもね。こんなこと嘘っぱちだと思ったり、えっこんなところまでよく調べたもんだと思ったり、それぞれに同じ文章でも書きようでずいぶん違うんですね。

小西　組閣のときですが、三木派の議員の方々で、特に先ほど出た井出さんとかそういった方以外にも、組閣に関わられたような方で、あるいはその他の行動でもいいんですが、何か思い出のある方はありますでしょうか。

三木　何だかいろいろあったんですけど、みんな忘れてしまって。ことにこの二、三年何もかも。

小西　具体的な話で、河本敏夫さんについてお聞きしたいと思います。改進党以来の同志ということですけれども、河本さんの人となりといいますか、どういった方だったんでしょうか。

三木　すごくクソ真面目な人ですね。あんまり冗談なんかも言わないし。確かに真面目な人で、ただ、同じ時代に生きてますからね。例えば河本さんは高校時代に……、どうしてこう人の名前がひょいと出てこないんだろう。国会で有名な反戦演説をなすって。

竹内　斎藤隆夫さんですか。

三木　斎藤隆夫さんの演説をお聞きになって奮起したわけですね、河本さん。三木も同じなんですよ。それで顔も全然知らないし、お互いに何も脈略はないんですけど、河本さんもそこで奮起なすって、結局学生運動みたいなことをして、あの方はすごい頭のいい人で、一高・東大といらっしゃるはずの人が、学校を放校されたのかな。三木も放校されてますけど、河本さんもちょっとそこで学校うまくいかなくて、日大か何かにお進みになったんですね。全然知り合いじゃないのに、同じ先生の演説を聞いて立ち上がったという感じじゃないんでしょうか。

小西　武夫さんは、河本敏夫さんの実務能力を非常に高い評価をもって見ていらっしゃったようですけど、何かそういった片鱗といいますか、思い出はありますか。

三木　何かのときに河本さんに相談をかけていましたね。だけど河本さんも寡黙の人でしゃべらないし、三木もあまり家ではものを言わないから、何をどうしていたのかよくわからないんですけれども。

小西　河本さんも、この家にはよくいらっしゃいましたか。

三木　しょっちゅういらしてました。

小西　「笑わん殿下」というぐらいですが。

三木　でも、ここへ来たら割にご機嫌はよかったんですけどね。世の中で「笑わん殿下」って言われているのは、会社などではしかめっ面していらしたのかもしれないなと思うんですけど。

小西　三木内閣であとに「ニューリーダー」と呼ばれる宮沢喜一（首相）さん、竹下登（首相）さん、安倍晋太郎（衆議院議員。外務大臣等歴任）さん、こういった人たちが入ってきます。その三人の印象をお聞かせ願いたいのですが、まず宮沢さんはどういうイメージですか。

三木　宮沢さんというのは、すごく頭の切れる人で、おもしろい人でした。話題が豊富で、実に愉快な、楽しいんですね。いつかアメリカへお使いしたときに、一緒にブレアハウス（米大統領の迎賓館）に泊まったんですよ。そしたら、夜お酒を飲みながらのお話がとてもおもしろいんですね。うちの婿の高橋も幾らか飲みますから話が弾んで、三木をさっさと寝かしちゃってよとか言って、寝ちゃったあとみんなでワイワイ言いながら飲んでいると。私は、宮沢さんのお母様のお里、小川平吉さんという鉄道大臣（戦前の田中義一内閣）の家へしょっちゅう出入りしていたものですから。宮沢さんがまだ少年のころ絣の着物を着て、あそこの家は書生さんを置かないで全部お孫さんたちが玄関番を、練習というんでしょうか。小川さんのお家は、国会からまっすぐ坂を下りていったところにあるんですね。よく父や母が伺うと、私もお尻にくっついて行ったりすると、まだ可愛らしかった宮沢さんがちゃんと絣の着物に袴を着けて書生さんの仕事をしてなすったものですから、小さいときから存じ上げているんですけど、やっぱり頭のいい坊ちゃんだという感じはありましたね。

小西　宮沢さんというと、ある意味でクールなイメージを受けるんですが、いまの話を聞くと、わりと愉快な方ということですね。竹下登さんはどういうイメージでしたか。

三木　竹下さんというのは、私よく知らないんですけどね。おしゃべりですけど。三木のお葬式をやったとき、竹下さんが総理だったんです。だからお葬式の前後に相談に伺ったり、最後にお礼に伺ったりしたんですけれども。

竹内　竹下さんは「気配りの人」とよく言われましたけども、そういったことは感じられましたか。

三木　そうですね、わりによく気を遣っているなとは思いましたけども。ただ、この人はよく気を遣っているな、ということは見えるような話の仕方でしたよ。

小西　気遣いというのは、前回お聞きした田中角栄さんとはまた全然違う気遣いなんですね。

三木　そうですね。田中さんもよく気を遣うし、私はあの人は何度も会ったことはないんですけれども、なかなかの人だと思いますよ。女どもがいろいろこういうことをしたい、ああしたいと言って持っていくと、その倍ぐらいのことをしてくださりそうな感じで、女どもの計画が小さいと、「それは倍にしたほうがいいんじゃない」ぐらいのことを言ってくださるような人です。

小西　もう一方、安倍晋太郎さんはどういうイメージをお持ちでしたか。

三木　お父様とは仲良ししていたんですけれども、どっちかというと真面目に構えていらっしゃる方ですから、そう女子どもが行ってギャーギャー言えるような相手じゃなかったというか。そんなに難しい人ではなかったように思うんです。至極当たり前、あんまり総理総裁をねらうような傑出した感じはしない印象でしたよ。

竹内　いま言った人たちは当時五〇代ですね。それよりちょっと下の人で、河野洋平さんですね。海部さんは、当初、武夫さんは河野洋平さんを入閣させる腹づもりだったけれども、諸々の事情で見送ったとおっしゃっています。河野洋平さんの入閣予定というのは。

三木　河野さんを入閣させてと思っていたのに、河野さんが自分の考えているような新党をつくったんですね。三木武夫の考えているような党をつくって。だから私は、河野さんにしてやられたなと思って。せっかくこちらでも計画していたのに、してやられたなという感じだったんじゃないかと思いますよ。入閣させてしまえば新党はできなかったですし、また三木が大臣を辞めて自分がそういう新党をつくろうというときには、同じような構想でするつもりだったんじゃないのかなと。

竹内　河野洋平さんと亘さんは、中学校が同じなんですか。

三木　中学校の同級生です。亘のお墓のあるお寺さんの住職さんも同級じゃないかな。

竹内　亘さんは国会で河野さんによく会ったりしていたわけですね。

三木　地元から亘に立候補しろしろって何度も言ってきたんですけれども、洋平さんがいる以上、神奈川県から僕は立てないと言ってました。そしたら徳島の田舎のほうで、ここから立ってくれなんていう話もあったんですけど、親父と一緒に選挙するのも大変だからと言ったかどうかわからないですけれども、それは断ってました。

二一　三木内閣の政権課題への対処

総理大臣に就任後、三木武夫は内政と外交の諸課題に取り組んだ。

内政では、政治資金規正法と公職選挙法の改正に乗り出し、自民党内の反発を受けながらも改正を実現させた。また、自民党の総裁公選規定を改正させ、総裁選に党員による予備選挙を導入した。これらは、金権政治打破、政治浄化という自らの政治信念を実行に移したものであった。その他、一九七五（昭和五〇）年八月一五日には現職の内閣総理大臣として初めて靖国神社に参拝した。私人としての参拝であったものの、この参拝は物議を醸した。また、社会的公正を実現するために、独占禁止法の改正に着手した。しかし、自民党内と財界からの反対を受け、改正の断念を余儀なくされた。同年一一月には公務員のスト権奪還を求めるスト権ストが起こり対応を迫られたが、スト権付与を否定した。

外交では、一九七二年に国交を回復した中国との平和友好条約の締結、一九七〇年に調印していた核拡散防止条約と一九七四年調印の日韓大陸棚条約の批准が、三木内閣の課題であった。これらのうち、核拡散防止条約の批准については一九七六年に実現させたが、残る二つは三木内閣期には達成されず、福田赳夫内閣にまで実現が持ち越された。外遊も行っており、一九七五年八月には、総理就任後における初の外遊としてアメリカを訪問、フォード大統領と会談して、日米の協力関係維持を確認した。また、同年一一月、フランスのジスカールデスタン大統領が提唱した先進国首脳会議（サミット）がフランスのランブイエで開催され、参加を果たした。


（竹内　桂）

政権課題

小西　今度は三木内閣が誕生したあとといいますか、実際の政策についてお聞きしたいと思います。

三木内閣が誕生するときというのは、田中内閣の金権問題、あるいはオイルショックがありまして、非常に国内外共に問題が山積しているときでした。こういったときに武夫さんが政権を運営する。どんな意気込みであったか、そういうエピソード等ありましたらお聞かせ願いたいのですが。

三木　みんな忘れてしまって申し訳ないんですけれども。田中さんはけっこう頭が良くて、何かわりに軽く考えて運営なすっていたみたいですけど、三木の場合はやけに慎重に慎重に。それはどっちがいいのか、私にはわかりませんけれども、田中流にやったら仕事があっさり片付いていいんじゃないかなと思うときもありましたね。三木の場合は少し考え過ぎというか、慎重過ぎてという感じもなきにしもあらずでしたから。田中さんもすごく頭のいい人でしたけどね。ただ、仕事の方法がちょっと二人が正反対のほうへ。

小西　ロッキードというのは、まだまだわからないところがありますね。

三木　わからないところがたくさんありますね。

いわゆる選挙二法をめぐって

小西　ロッキードもそうなんですけど、田中内閣の金権が非常に世論の非難を浴びまして、政界浄化に着手しなきゃいけないということで、三木内閣では、政治資金規正法と公職選挙法の改正という選挙二法の改正に着手されます。この改正をめぐって、今度は逆に党内のほうから反対が起こってきました。政界浄化というのは武夫さんにとって非常に大きなテーマだったと思うんですけど、党内の反対を見て、何かおっしゃってましたか。

三木　彼自身が反対されたり、自分の仕事が思うようにいかなかったりしたということに対して、あんまり不平不満を言わなかったんですね。黙って考えているところがあって。私なんか何でもしゃべってしまうほうだから、何かあると、ああけしからんとか、すったもんだ言ったんですけれども、彼は言いませんでしたね。

小西　三木内閣で掲げた政治資金関係のものって非常に先進的といいますか、今日を先取りした非常にいい案だったと思うんです。ここで本当にちゃんと変わっていれば、もっともっと日本の政界は変わったと思うんですけどね。

三木　そうだったんですけどね。やっぱりそれにはけっこう反対があったんでしょうね。代議士というのか、国会議員というのか、選挙で出てくるときにちゃらんぽらんをやってきている人が多かったんでしょうね。あんまり真面目な人ばっかり集まっていたわけじゃないから。

小西　このときにも問題になった企業献金は未だになくなっていませんので、これがなくなるとかなり変わってくると思いますけど。

竹内　中政研ではずっとこの法案に関する研究を、総理になられる前から続けてきたわけですね。

三木　そうですね。中政研をつくったのは、まだ赤坂にいるころからですから、赤坂から四谷へ引っ越すまでの間にはいろんなことを考えていたと思います。ことに四谷に引っ越して、あそこに同時通訳の装置を全部入れましてね。最初のときはガルブレイスさんに来てもらって講演をしてもらったり、いろいろしているんですけども、たぶん自分の理想をあそこでやりたかったんでしょうね。

竹内　選挙資金などの研究ですね。ヨーロッパの制度なども調査されたようですね。

三木　そうそう。出かけていきましたよ。三カ月ぐらいかけて、ちょっと勉強してくるなんて言って。

竹内　国会図書館の藤田晴子さんなどにも調査をお願いしたんですか。

三木　ええ、ええ。私が小学校のときからずっと同級生でしたから、きっと頼みやすかったんでしょうね。私はどういう連絡をとっているのか、ちっとも知らないでいたら、ときたま「藤田君がこう言った」とか。私の友だちだというのを知っているんだろうとは思うんですけれども、全然関係なく。藤田さんという人も頭もいいけれども真面目な人でした。もとはピアニストですけど、何でもできたんだろうと思うんです。絵も描いて帝展などにもよく出してましたし。

物価抑制と安定成長への転換——独占禁止法改正

小西　結果的には武夫さんが思ったようにいかなかったものに、独禁法の改正がありました。これに対してもいろいろ反対があって、経団連会長の土光（敏夫）さんとか、椎名副総裁からも反対があったんですが、こういったことに対しても、武夫さんは何もおっしゃらなかったんですか。

三木　家ではあんまり言いませんでしたね。

小西　独禁法の改正みたいなのは、武夫さん個人の考えとして出てきたものなのか。それとも、特に経済関係でいえばブレーンの人たちがたくさんいらっしゃったわけですが、そういった人たちの考えと見るべきなんでしょうか。

三木　やっぱり根底は三木の考え方によって、研究会の人たちがまとめてくれたんじゃないかと思うんですよね。東大の小宮隆太郎先生とか大蔵省の大橋宗夫さんとか。

小西　睦子さんからご覧になって、いろんな改革をしようというものが大体党内の反対を受けているのをご覧になって、そして多くは福田内閣になって、やってきた成果だけが福田内閣に引き継がれていくという状況があったんですが、そういった過程を見られて、何か思いはありましたでしょうか。

三木　やっぱり三木さん、不器用だなと（笑）。しょっちゅうそう思ったんですけどね。不器用な人でしたから、せっかく時間をかけて一生懸命練った案がスッと横流しに行ってしまったり。総理を辞めてからもいろいろ改革案を考えて、ああでもない、こうでもないとやってまとめて……。昼食会があったんですね。総理ならびに議長なんかの古手の人たちが集まって。そのときに印刷したものを出したら、福田さんが「あ、そうですか」と言ってポケットへ入れてしまったというんです。とうとう出てこなかったわけですね。そんなこともあって、本当に真面目に世の中を憂えている人はいないんだ、といったふうな言い方をしていたことがあったと思います。こういう改革案と言って持って出たら、ポケットへぽいって入れておしまいになったというのは、いかにも福田さんらしいと、私は聞いていたんですけれども。

自民党総裁公選規程の改正をめぐって

小西　改革が進まないという面では総裁公選規程の改正も、調査会レベルでは反映されるんですが、実際には政策にならないんですね。

三木　そうなんですね。

小西　この辺も非常に無念というか、武夫さんとしては、諸悪の根源とまで呼んでいた総裁選を、何とか民主的なものにしたいというところがあったと思うんですが、総裁選に関して何かおっしゃっていたことはありますでしょうか。

三木　家へ帰ってもそんなことを言わない人なんですけど、自分がそういう総裁選を経て総裁になったわけじゃないんですよね。椎名裁定とかいう、あれも私はすごく怪しげだと思います。世論を集めてというわけじゃなかったんでね。三木はそのときに椎名さんの家にいたのかな。何かで、椎名裁定のことは先に知っていたんですけど、あんまり機嫌のいい顔はしてませんでしたよ。順序とすれば、そういうふうな手順で、本当にみんなで切磋琢磨して議案を練ってしたいと思っていたんじゃないでしょうかね。椎名さん一人が決めたみたいで。

竹内　予備選挙の導入ですとか、国会議員の推薦が必要だということで。おそらく武夫さんとしては、派閥の影響を薄めようと考えられたと思うんですが、結果的にはかえって派閥の力が強まりました。

三木　そうそう。

竹内　これはやっぱり想定外というか。

三木　どの派閥も、みんな大きな資金を集めて派閥をこしらえていたんですね。だけど三木の場合は全然お金で誘惑したりしませんでしたから、清廉潔白な人ばっかりが集まって。坂本三十次《みそじ》（衆議院議員。官房長官等歴任）先生なんていうのは大変な地所持ちというか、大きなお家なんですね。でも坂本家三〇代目の御曹司ですから。

川島　選挙二法とか、独禁法とか、武夫さんは自民党の中で、どっちかというとみんなが嫌がることをどんどん改革してやっていこうと。そういうところがあったわけですけど、それに対して反対する側の圧力であるとか、そういったものが睦子さんの目の届くところであったということはないんでしょうか。

三木　別にございませんでしたね。あっても無視しちゃったのかもしれない。私の里の関係は、むしろ三木のやり方に反対する連中が大勢おりましたから、私のところへはあまり話が来なかったと思います。でも不思議なことに、私の二つ年下の弟が国会へ出たときは、最初から「僕は三木派だよ」って言ってましたから、これだけが一人違ったのかもしれません。あとは体制派でございました。

川島　一般の有権者から激励の手紙が来るとか、そういう逆のほうの現象というのはどうなんでしょうか。

三木　総理総裁になる前から、何というんでしょう、ふつう大臣なんかになるときには、郷党の県会議員や何かが大勢出てきて閥の領袖のところへ頼みに行ったりするんですよね。うちでもずいぶん何回もそういう方々がいらしたりしてました。鳩山内閣ができるときには、鳩山さんに取り入って「何とかしてよ」とかいうことを言ってきたのが大勢いたんですけれども、さて三木が何かしようというときに、じゃあ大勢で陳情するかなんていう話にはなりませんでした。そんなことをしたら、また三木が不機嫌な顔をしてスッと横を向くだろうということで、わりに静かでございましたね。だから総理になったときも、郷党の偉い人たちは田舎でびっくりして、やぁ三木さん総理になったか、というようなことで、あとから祝ってくれたぐらいなことでしたね。他の先生方の郷里というと、噂が出ただけでもワッショイワッショイと。私のところへもずいぶんいろんな人が、今度総裁になるそうですから頼みます、とか言っていらっしゃるんですね。その方たちは、自分たちが何かに参画して出てきたということで、自分たちが心慰めになるんでしょうか、きっと。

小西　いまの質問でいくと、国民から手紙とかそういったものはけっこう来たんですか。

三木　そうですね。はい。

小西　激励が多かったんですか。

三木　はい。徳島は海を隔ててますから、なかなか徳島の人が働くというよりも、やっぱり地続きのところからの電報やら手紙やらは多うございましたね。

竹内　そういった手紙とか電報というのは、必ず武夫さんは目を通されていましたか。

三木　目を通させようとしてましたけども、暇があったかどうか。でも手紙は喜んで読んでましたけどね。

小西　手紙とかは、例えば大きな問題、選挙法の改正とか、独禁法とか、総裁公選とか、日本の政治を本来変えていく大きなときに、たくさん手紙が来るということはあったんですか。

三木　はい。彼は難しい手紙は全部自分で暖炉に燃して、外へ一切手紙を出さないようにしていました。何か大事なことが漏れてもいけないというので。それで私は、どこの家にも暖炉を必ず付けているんです。軽井沢でも、真鶴でも、徳島の家にも。

小西　普通の激励の手紙みたいなものも、処分はされてしまっているんですね。

三木　はい。

小西　立て続けに大きなものが全て頓挫していくというのは、非常に残念ですよね。理念というか、信念があるだけに。国民はある程度支持してくれるわけですから、それこそ一番の当事者が反対しているだけで。みんな自分の欲得のためにという。

三木　そうなんですね。

竹内　先ほどの、お手紙を燃やしたという話ですね。それは総理大臣になられたあとからも、そういう手紙は多かったんですか。

三木　ぺーぺー代議士のときから暖炉は必要だったんです。

竹内　あとになると伝達媒体として電話のほうが多くなるかとは思うんですが、それでもやっぱり手紙というのも。

三木　はい。証拠になりますから手紙は燃やす。電話も怪しげなものでね。妙な電話がかかってきて問題になったのがありましたけど。

小西　鬼頭判事補の件（鬼頭史郎謀略電話事件）ですね。

三木　でも、しっぽを出さない男でしたから（笑）。

首相公邸での生活

小西　首相公邸に引っ越しされるのは、就任のあと四カ月ぐらい経ってからだったんですね。

三木　それは私が盲腸をやったので。一週間ぐらい入院していたんでしょうか。夜になると「ちょっと出てこい、ちょっと出てこい」って。やっぱりお茶が飲みたいとか何とかいうときに、言いつけやすいのがそばにいたら便利だったのか、何でだかよくわからないんですけど。

小西　盲腸があって、それでも公邸までの引っ越しに四カ月というのはけっこう間があったように思うんですけど、それはほかに何か理由が。以前お書きになっているのだと、ゴキブリ駆除薬が抜けるのを待っていたというふうに。

三木　そうなんです。佐藤さんが住んでいらして、田中さんはお住みにならなかった。そしたら、その間にものすごくゴキブリだらけになったらしいんですね。それでまず行ってみたら、とんでもない、これじゃ住めないということになって、それから薬を使ったり何かいろいろ。

小西　消毒をし、それが抜け切るまで少し置かれたということなんですね。

三木　はい。

小西　首相公邸はかなり狭いものだったんでしょうか。

三木　広いんですよ。総理公邸というのはとても広うございました。ただ、我々のいるところは、一間に書斎があり、大きな本棚があり、書類用のテーブルがありますから。食卓があって、椅子が四つかな。何しろ狭いところに全部の生活が詰まっているんですね。あとはとっても広いんです。

川島　首相公邸に移動する前後で、武夫さんはプレスとの接し方というもので何か変化とか、いままでとやり方を変えたとか、そういったようなことはありませんでしたか。

三木　何もなかったようですね。私は毎日一緒に住むつもりで引っ越していったのが、何カ月も経ってからでしたけど、何しろゴキブリだらけでしたし。お人様を通すような場所はちゃんとしているんですけれども、台所はやたらとだだっ広くて、二〇人や三〇人の食事ができるようになっているんですけれども、食器ときたら紅茶茶碗が一組、コーヒー茶碗が二組ぐらいで、あとは何もないんですね。それから私は、これじゃここでお客様を通すわけにいかないなと思ったものですから、食器だけは整えておかなくちゃと思って三越に言いつけて、お刺身皿から何から全部一とおり揃えたんです。だから佐藤さんがずっとあそこに住んで食事なんかもしていらしたというのは、どうしていらしたのかなと思って聞いてみたら、お客様をお呼びするときは全部吉兆が来てやったんですって。いまそういうものがどうなっておりますか。

小西　睦子さんは、一緒に住んでいらしたわけですか。

三木　はい。三木があそこに泊まっているときは一緒に泊まって、そして私は公邸から地下へ下りて地下鉄でここ（南平台）まで来て、毎日のようにここへ帰ってきて、両方を見ていました。帰るというと、秘書官の車を回してくれるんですね。でも私は何も役に就いているわけじゃないのに、ただ三木武夫の妻だというだけでもって公の車を乗るのは、どうもおかしい。だから私は自分の足で電車に乗って帰りますからご心配なくと言ったんですけれども、それが理解できないらしくて、ずいぶん何度も説明しました。私は、バスや電車へ乗っている間にいろんな情報を仕入れるわけですね。いま国民はこういうことを欲しているんだとか、考えているんだということを、三木に知らせていたわけです。だから電車やバスで通勤するということも、決して悪いことじゃないと私は思ってました。みんながこんなこと言ってる、あんなこと言ってる。私の顔だったら売れてませんから、どこへ行ってもわかりゃしませんから、ああだこうだと言っていたんです。総理大臣の奥さんになったからといって、何も情報が入らないんじゃ困るんですね。

小西　そのあと武夫さんが暴漢に遭って、主要メンバーにSPが付くようになりますよね。そういった中で睦子さんが電車を使って地下鉄を使って移動されるというのは、問題にはならなかったんですか。

三木　なっていたかもしれません。でも、私が公式に三木の代理として出るときは護衛さんが付いても、それは仕方ないものだと思って。

小西　じゃあ、最後まで地下鉄を使って移動をされたわけですね。

三木　だって、そこで情報を入れるんですから。

川島　そこで睦子さんが知った情報で、三木総理との話で印象深かったこととかございますか。

三木　何かあったかしら。でも、こういうことを目にした、こういうことを耳にしたというのを聞かせると、すごく喜んでいましたから、役には立ったんだと思います。三木さんという人は、全然家の者に笑顔を見せたりなんかする人じゃありませんでしたからね。私がああだこうだ言っても、知らん顔して、ただ聞き流しているみたいに見えましたけど、それでも役に立つんじゃないかなと思って。もう少しひとの話を聞いて、「それはご苦労だった」とか何とか言えばいいものを（笑）。そんなことしない。

竹内　先ほど首相官邸に書斎があったというお話をされていました。

三木　書斎といっても、書斎と食堂と居間と何もかも一つ部屋でした。

小西　ワンルームだったんですね。

三木　その隣が日本間で、着替えなんかができるように。私なんかが着物を着替えるときには、その日本間でしておりました。あと立派な応接間があって、客用の食堂のわりに小さいのがあって。ただ、日常使うところは一つしかないんです。

竹内　そうすると、武夫さんが書きものをされるとき、どちらでなさっていたんですか。

三木　その居間兼書斎兼で。大きなデスクがありましたから。三木の周りの先生方が、三木と一言話をしたいと思って、総理官邸の応接間というか廊下ですね、大臣室の廊下で待っていても、いつまで経っても時間がこない。腹を立てて、僕は裏を回って奥様のいるところに来たんですけど、こういう話を三木さんにしたいのに、って不平混じりの陳情はいろいろ受けましたよ。忙しくてそんなに話をする暇はなかったって彼は言うんですけど、本当にそうなのかどうかよくわかりませんけれども、ともかく何人も待っているそうで。

そのとき、こんな話を聞きました。高村正彦（衆議院議員。外務大臣等歴任）さんのお父様（高村坂彦。衆議院議員・徳山市長・徳山大学長等歴任）が国会を辞めて、大学の学長になってお国へ帰っていらしたんですね。そして自分は、これからは学者の生活を楽しんでやるつもりだというのに、佐藤さんが亡くなったら、どうしても後任で立候補しろと言われたという。ところが佐藤派じゃないでしょ。そういうわけにいかない。「佐藤派からお出しになったほうがいいんじゃないんですか」って言ったら、田中派の人たちが、この選挙はみんな田中派で選挙しているんだから、佐藤派は関係ないんですって。もし高村先生がここで立候補してくださるなら、田中派をあげて選挙の応援しますって。だって越後でしょ。越後からわざわざ来て選挙の応援なんておかしいんじゃないかって私は言ったんですけども、田中派の人たちが来てそう言うんですって。そのことを三木先生に会って話をしようと思っても、なかなか順番が回ってこないから、奥さんのところに来たとおっしゃって。プンプンおっしゃりながら、「それでも佐藤派の応援で立候補すべきでしょうか」とか何とか言っていらしたけど、結局お国へ帰ったら、にっちもさっちもいかなくて、当選なすったんですけどね。そのころ世の中がおかしくなるんじゃないかと思って。田中派というのが、あっちやこっちやで力を持って。だって山口の果てまで、おかしいんじゃないですかって私は言うんだけども、それがちゃんと当選してきちゃうんですね。

竹内　睦子さんのところに来た、いまのような陳情は、武夫さんにはお伝えするんですか。

三木　三木が忙しくて話を聞いてくれないから、しょうがない、あなたに話すんだ。私、「しょうがねえ」さんになって（笑）。

竹内　そのあと睦子さんは、武夫さんにそれを。

三木　一応は話しますけどね。「高村さん、ご機嫌わるかったわよ」とか言うんだけど、聞いているのか聞いてないのかわからない。

暴漢に襲われる

小西　佐藤元首相の国民葬のときに、武夫さんが暴漢に顔を殴られる。非常に驚かれたと思うんですが。

三木　私は全然知らなかったんですね。席に座っていて、三木だけが遺骨を迎えに出てきていたんです。だから何も存じませんでしたし、ただ遺骨を抱いて粛々ときて、あと軍人さんが全部、遺骨を壇上にまで持って上がるんでしょ。だから三木は受け取るだけというか、途中で交代したわけですけど、前に座って別に何ということもなく。私は存じませんでしたから。そしたら、どっかに血が付いていたんですよね。それで私は、みっともないと思ってちょっとハンカチを出して拭いたんです。そしたら隣の椎名夫人が「こんなところで、いちゃいちゃしなくてもいいのよ」とかおっしゃって（笑）。学校の先輩ですからね。血が付いていましたから、そのときに何かあったんじゃないかなと思ったんですけれども、帰ってくるまでわかりませんでした。帰ってくるときも私は、フィリピンの大統領夫人（イメルダ・マルコス）が来ていまして、そのお接待に出なきゃいけなかったものですから、官邸へ帰ってサッと普段着に着替えて。だから何も知らないで家へ帰っていったら、お医者様が来て三木を診察しているんです。そこで初めていきさつを聞いて、倒れたので、もし何かあったらと思って頭のレントゲンをとったり何かしたんだという話を聞いたんです。一緒に座っていて別々の行動をしてますから、何も知りませんでした。

小西　そのあと睦子さんは赤尾敏（戦前の衆議院議員。大日本愛国党総裁）のところへ怒鳴り込んだそうですが。

三木　本人がやってきたんですよ。敏さんとけっこう仲良しでしたから、何でも勝手なことを言って、あの人。

小西　赤尾敏が来たので、「ひどいじゃないの」ということをおっしゃったわけですね。

三木　そしたら、「僕が命令したんじゃない」ってしきりに。

川島　それを言いに赤尾敏さんは来たんですか。

三木　そうそう。

靖国参拝

小西　国民葬から二カ月ほど経って八月一五日になりまして、武夫さんが靖国神社へ私人としての参拝をして、この辺からちょっと難しいというか、今日につながる問題になってくるわけですけれども。武夫さん自体は、だいぶ靖国神社への参拝は検討されたんでしょうか。つまり、八月一五日に首相として行く、あるいは私人として行く。そのときは私人でしたけれども。

三木　私の兄も戦死してますからね。別に靖国神社を嫌っていたわけじゃないんですけれども、ちょっとこだわりがあったんでしょうね。だからそのたんびに新しく考え直すみたいなところがあって。

小西　こだわりといいますと、どういうことでしょう。

三木　行くべきか、行かざるべきかという。結局、総理のときは行ったんですよ。でも何も言ってませんでしたから、皆さんがモーニングを着ていらっしゃるのに、着るものなんか取り寄せるのが間に合いませんでしたし、本人は全然そんなこと考えもせずに、そのまんまお参りしてきたんだと思います。彼が行くところは、そんなに国民がこだわっていたわけじゃないんですね。だけど、そのあとで翻ってみたら三木さんも来たわっていうような話じゃないんですか。

小西　A級戦犯の合祀は、そのあとの話ですから、国民にとってはそんなに違和感はなかったと思うんですけどね。

竹内　首相になられる前も、靖国神社には参拝されていたんですか。

三木　そうですね。特に靖国神社に参拝したということはなかったように思いますよ。

小西　逆に言うと、靖国神社が特別ではなくて、明治神宮とかと同じようなレベルで。

三木　そうなんですね。明治神宮はお正月は必ず行っておりました。

小西　靖国については、そのあと一九七七（昭和五二）年にA級戦犯が合祀されて、それも国民には全然知らされてなくて、あとから知るわけですけど、A級戦犯が合祀されたことについて何かおっしゃっていたことはありませんか。

三木　何も聞いてません。

小西　一九七五（昭和五〇）年に行かれたときに、「私人」三木武夫という肩書きといいますか、これはやっぱり相当ご苦労されたというふうに思いますか。そういうふうに表現されたということは。

三木　あとで問題になりましたからね。行ったときは、別に「私人」だ「公人」だと、うるさいことは言われてなかったと思いますけれども。あんまり格式張ったことは好きじゃない人でしたから、もちろん公人として威儀を正して行ったわけじゃないと思いますし、その日たまたま時間があったから行ったぐらいのことで。靖国神社というのは徳島の人も大勢祀られているということで、一応は敬意を表していたんだと思います。

竹内　武夫さんのおじいさんは、日清戦争などには出征されていないんですか。

三木　三木の場合はそういうことはないと思います。

竹内　武夫さんご本人は軍隊のご経験はないですよね。武夫さんのお父さんや、おじいさんというのは戦争に。

三木　あんまり関係ないと思います。というのは、軍隊の話を一度も聞いたことありませんから、たぶんなかったと思います。

川島　靖国神社について、何か武夫さんの周辺で話題に出すような方とかはいたんでしょうか。

三木　私、全然記憶にないから、たぶん話題にならなかったんだと思います。

川島　総理のあとはどうでしょうね。靖国のほうに行かれたとか、そういう。

三木　あまり靖国神社に参拝したという話は聞いたことないですね。

竹内　八月一五日の戦没者追悼式には総理大臣として参加されているわけですね。

三木　そうだと思います。

スト権ストへの対処

小西　もう一つお聞きしたいのは、スト権スト、当時の労働組合運動についてです。公労協というんですか、公務員はスト権がないので、ストをすることによってスト権を獲得するということなんですが。最終的には党内世論を踏まえてだと思いますが、スト権ストの付与にはならなかったんですね。こういったことについて何か、武夫さんはお話しになっていましたか。

三木　話していたかもしれませんけど、私の頭にキャッチしてないんですね。全然覚えてなくて。

ランブイエサミット――第一回先進国首脳会議

小西　次はサミット関連といいますか、外交問題についてお聞かせください。

三木　初めてのサミットは、三木が一番初めでしたからランブイエでした。小さなお城ですね。私、行ってみたんですけど、これじゃ私が付いてきてもいるところがない。付いていった秘書官や何かはそのたびにパリまで帰ったんですって。だから遠いので大変だったって。朝早く起きて行かないと間に合わなかったし、なんて言ってました。

小西　第一回目だと、相当意気込みがあったかと思うんですが、何か印象になるような出来事とか人物をご紹介いただきたいと思います。

第1回サミット

三木　同時通訳の人がいたかいないかわからないんですけど、言葉が通じなくて困っただろうと思うんです。英語でやれば、アメリカに何年もいた人だから。会議はたぶん英語でやったんだろうと思いますね。別にそれについてあまりものを言ってませんから。秘書官が東京から付いていったのも、それからパリの大使館の人たちも、そばへ寄って会議を見ることも何もできないんですね。近所の居酒屋みたいなところで待機していたりというようなことで。お城といっても小さな、それこそ会議をする人は泊まるだけで、秘書官も泊まる余地はなかったぐらいの小さなお城です。あとでだいぶ経ってからフランスを歩いたときに、ついでにちょっと見せてもらったんです。

小西　フランスのジスカールデスタン大統領がサミットを提唱しまして、アメリカはあまり乗り気ではなかったようなんですが、武夫さんがフォード大統領とお会いになって、サミットをやろうという話を進められたというふうに聞いているんですが。何かフォード大統領に対しての思い出みたいなものは何かありますか。

三木　フォードさんは、大統領になられる直前に日本へも見えたんです。私たち、ただずらっと並んで挨拶だけして帰るつもりだったら、そのとき秘書官だったキッシンジャーさんが先を通って行ってしまったのに、ひょっとまた大統領を連れて引き返してきて、「ミスター三木とミセス三木」って紹介してくだすったんです。それで私、初めて次の大統領になる人に挨拶したわけです。それからお国へ帰ってすぐ大統領に就任されたんです。キッシンジャーとはたびたびいろんな席でご一緒したものですから、私も顔見知りだったんです。

小西　武夫さんは、フォード大統領となら何でも話し合えるというふうに発言されているんですけれども、非常に気さくといいますか、見識豊かな。

三木　そうですね。つまり、フォードさんというのは、あんまりお高くとまっている人じゃないから、気楽だったんじゃないでしょうかね。

竹内　フォードも「議会の子」で。

三木　そうそう、だから気が合ったんだと思いますよ。私はおっしゃることがわからないわけじゃないけれども、ああいうときに困っちゃうんですね。

竹内　最初の訪米のときは、宮沢さんや、海部さんと一緒に行かれたわけですね。一般的な会談のあとに、國弘正雄さんだけ連れてフォード大統領と話したということがあったかと思うんですが、ご記憶ありませんか。

三木　あ、そうですね。フイっといなくなったんですね。ブレアハウスって真ん前にホワイトハウスがありますから、大体歩いて行くんですから、たぶんプラッと行ったんだと思います。アメリカという国は、あんまりしゃっちょこばったところじゃないですから。

竹内　睦子さんが武夫さんの外遊にファーストレディとして同行されるときに、武夫さんは各国の首脳と会われます。その間、睦子さんはどのようなことをなさるのですか。

三木　向こうの外交団の人たちが気を遣ってくれて、いろいろ案内してくれるんですね。田舎の国から来たんだから買い物なんかしたいだろうからといって、郊外の大きなデパートなんかへ連れていってくれたりするんですけど、私は全然買い物に興味がないものだから、どうしようもないなと思っていると、やっぱりアメリカの外交団の中にも買い物に興味のない奥様もいて、二人で外の腰掛けに腰掛けてしゃべっているんですね。日本人は、奥様方はすごい買い物好きで、みんな喜んでなさるんだけど、私はどうも買い物好きじゃないなんて言うと、同好の人がいるんですね、アメリカにも。私も好きじゃないから一緒におしゃべりしましょうなんて。

竹内　出発前に外務省から、こういうご予定にしますという説明等はあるわけですね。

三木　ええ、一応くるんですけどね。でもワシントンなんていうところはニューヨークや何かと違いまして静かな街ですから、大きなデパートみたいなところはちょっと郊外になるんですね。

そこへ車を連ねて行くわけですけど、私は行ったって用事はないし、ものを買うわけじゃないし、ボヤッとしていると、ボヤッと組がアメリカ人にもいるわけです。

竹内　出発前に、例えばここに行きたいというようなご要望を出されたことはなかったんですか。

三木　出せば案内してくれると思いますけど、私は、娘たち、息子どもをアメリカへやってましたから、そんなにあっちやこっちへ行きたいとも思わなかったんですけど、ワシントンの生まれた家というのを案内してもらいました。これはおもしろかったですね。街から船へ乗ってちょっとのところなんですけど、船に乗って海岸を上がっていくと、大きなお屋敷でね。ちょっと私の里に似ているんですよ。お家の外に薪小屋があったり、味噌小屋のようなものがあったり。私の里が家の外に味噌小屋だの、いろんなものをつくってましたから。米蔵だとか、薪小屋だとか。いまは全部壊してしまって何もなくなってしまいましたけど、田舎の家というのは興味がありまして、おもしろかったんですよね。昔々のワシントンが生まれたときから、例のリンゴの木か何かの話も。大きな立派な屋敷でしたね。

金大中問題

小西　今度は外交についてもう少し広くお聞きしたいんですが、一つは金大中事件の決着といいますか、当時の宮沢外務大臣が韓国へ行って話をして、一応金大中事件についての締めくくりをしてきたわけですけど、金大中事件に対する思い出みたいなものは何かありますでしょうか。

三木　金大中さんは、ときどきここ（南平台の自宅）へも来てくだすったんです。ここの部屋（応接間）じゃなくて、この後ろに小さな部屋があるんです。そこに二人だけのテーブルと椅子を三木が自分で買ってきたんです。これは金大中君が来たときに使うんだと言って小さなテーブルと椅子を買ってきて、そこで二人で密談をしようと思っていたらしいんです。ときたま彼が訪ねてくれていたものですから。でも、それを買ってきた途端に拉致されちゃったんですよ。だから秘密会談なしで。でも、その前に何回かここへいらして、おしゃべりはしていましたね。何しろあの方は日本語堪能ですし。連れ去られたときは全然三木は知りませんでしたね。しかも、ひどいことをして連れていかれたみたいなんですよね。あとで聞いて「気の毒だったなぁ」とか何とか言って。私は、それからだいぶ経ってから、七、八年経ってからでしょうかね、彼の自宅へ遊びに行ったことがあるんですけれども、そのときは体も弱っていらして、奥様のほうはしゃきしゃきと元気だったけど。

小西　それは武夫さんが、金大中さんとの交流を通して韓国の民主化に対しての支持をされていたということですね。

三木　そうですね。

小西　逆に言うと、朴正熙大統領、朴政権に対して武夫さんは何か特別な思いみたいなものがあったんでしょうか。

三木　何も言ってませんでしたね。

川島　政権以前に、韓国との関わりとか、付き合いというのはどうだったんでしょうか。

三木　何をどうしたのか、もう覚えてないなぁ。

クアラルンプール事件

小西　さっきのは田中内閣のときに起きた事件なんですが、三木内閣のときにマレーシアのクアラルンプールで過激派といいますか、新左翼の活動家たちが、アメリカとスウェーデンの大使館を占拠するということが起きて、収監されていた人たち五名を釈放するということが起きたわけですけれども、このことについて何かご記憶ありますか。

三木　全然覚えてませんね。けっこう私もミーハーですから、何やかやとしゃべっていたかもしれないのに、自分が言ったことも忘れて……。

小西　収監されている人を釈放するというのはかなり難しいし、まして日本ではなくて外国の大使館を占拠するということですので、非常に苦慮されたんだろうなという想像はできるんですけれども。

賓客の饗応

小西　首相になられたあと、外国からいろんな方が、個人的にもいらっしゃいますし、公的にも、例えばエリザベス女王などもこの時期いらっしゃってますけど、エリザベス女王というのはどういう印象をお持ちですか。

三木　お若さの盛りというか、あのときが一番お美しかったのじゃないかなと思われるような感じで、非常に優雅にふるまわれていらしたんですけれども、私は専らご主人とのあれしかなくて、女王様は三木とですから。何回かディナーもしたわけですけれども、女王様を主にして、そばにご主人がいらっしゃるというのは、あれは見事に役割をちゃんと務めていらっしゃるという感じで、とても殿下も素敵な方でしたよ。いろいろおしゃべりをしたんですけど。女王様は、日本へ来るからというのでわざわざ裾に桜の花をちりばめたお洋服を召していらしてね。ちょっとしたお心遣いですけれども、女らしい気遣いをしてくだすっていましたね。

竹内　来賓が来るときの睦子さんの服装は、ご自身で選ばれるわけですか。

三木　そうです。

竹内　エリザベス女王のときのドレスはけっこう話題になったようですが。

三木　そのたびにつくるわけにも、いくんでしょうけれども、三木は貧乏ですから、そうそう新しいものをというわけではないので、古いものの中から、その日にふさわしいものを着ていくというだけです。皆さんは新調なさるみたいでしたけど、私は全部あるもので間に合わせていました。

竹内　宮中晩餐会の料理は、宮中のほうで選ぶんですか。

三木　宮中でなさるときは宮中の司厨長がするんですけど、それは昔から大体こういうふうにと決まりがあって、そのとおり。しかも宮中で使っていらっしゃる人って、すごくおいしいものをつくる。それはもう本当においしゅうございましたね。このごろはどうしていらっしゃるか。

竹内　来賓の夫人と会談されることもあるわけですね。

三木　はい。ご主人同士が話している間に、私たち女だけで。外務省の役人の奥さんたちもやってきて手伝ってくれるし。

竹内　そういうとき、どういったことを話されるのですか。

三木　いやあ別に、全然お互いに知らない国のことですから、「いまごろお国ではどんな花が咲いてますか」ぐらいなことでごまかしちゃうんですよ（笑）。難しい話はなるべく避けてね。

サンファンサミット——第二回先進国首脳会議

小西　もう一つサミットのことをお聞きしたいんですが、プエルトリコのサンファンで第二回目のサミットが開かれるんですけど、ちょうどその時期というとロッキード事件が発覚し、それによって今度は「三木おろし」が始まってくる。非常に大変な時期に第二回サミットに行かれるわけですけれども、何か思い出みたいなものはありますか。

三木　無我夢中で過ごしましたからね。ちっとも思い出しませんね。

小西　一回目は注目もあるんですけど、二回目になると、マスコミのほうもちょっとさめていくというか。

竹内　サミットに行かれるときは、どれぐらいの人数が行っていたんですか。プレスもけっこう。

三木　プレスがずいぶんいろいろ付いて行くみたいですね。一つの飛行機にけっこういっぱい詰まって行っているみたいです。役所から来る秘書官と、うちからは高橋亘が付いていきます。それぐらいなんですけども、あと新聞記者などは向こうにいるのもいるんですけども、それでも日本からも行くんだと思います。

竹内　当時はまだ政府専用機はないと思うんです。特別機だと思いますが、プレスも同じ飛行機に乗って行くわけですね。

三木　はい。同じ飛行機に乗って行くんです。私たちのときは特別機といっても日本航空のを借り上げて。

竹内　武夫さんと睦子さんはファーストクラスに乗られて。

三木　そうですね。

竹内　プレスの人は後ろのほうの席に。

三木　飛行機に乗り込んで上着を脱いで気楽になると、そこでまた新聞記者がワイワイいて、仲間になってにぎやかにしゃべりまくるというのか。そこへコーヒーも出てくるし、お酒も出てきたんでしょうね。特別機でなくて、外務大臣や何かで普通の旅行をするときは、新聞記者の人たちは「早くおやじを寝かしておいでよ。遊ぼう」って言うの（笑）。私を仲間みたいに、一緒に遊ぶほうへ。

竹内　機内の中で、プレスと話をするんですか。

三木　ええ、ええ。三木はブスッとしているから、あまりしないかもしれませんけど、私はご機嫌でもってみんなと仲間になってワイワイって。

竹内　各省庁の役人も乗り込んでいるわけですね。

三木　必ずその仕事の都合では役人も乗り込んでます。通産省に私の同級生がおりましてね。同い年で、学校が一緒だったんです。もう一人、何といったかな、同級生が何人かあっちこっちで役人になっているんですね。それで飛行機なんかで一緒になって遊びまわっている。三木を早く寝かせて遊ぼうって言われて。

一二　ロッキード事件と三木の対応

田中角栄の不正金脈問題をめぐり政治浄化を進めた三木に諸派閥が反発するという政局の中で、突如ロッキード事件が発覚した。一九七六(昭和五一)年二月四日、アメリカ上院議院公聴会での「コーチャン証言」により、ロッキード社が日本の政財界へ多額な献金を使って販売工作をしていたことが明らかになった。同月二三日、衆院本会議はアメリカへ資料提供を求める決議をした。三木は「私自身からも直接、直ちに書簡でフォード大統領に要請」すると発言し、自らのリーダーシップで事件解明をはかる姿勢に出た。疑惑解明の姿勢に反発した党内からは、所謂、「三木おろし」の退陣工作があったが、これは「ロッキード隠し」と批判した世論の前に収まった。

六月二五日には自由民主党の使命は終わったとして六名が離党、新自由クラブを結成した。これは三木にとって政治改革に向けた党内での足場が減ったことを意味していた。さらに、七月二七日、田中角栄前総理が逮捕されると、反三木の六派(田中派・大平派・福田派・船田派・水田派・椎名派)は、挙党体制確立協議会(挙党協)を結成し、「三木おろし」の再燃をはかった。八月四日には、自称「検事総長」が電話で、三木武夫に指揮権発動を求めてきた。後に、この電話は現職の裁判官・鬼頭史郎による偽装謀略であることが判明するなど、事件をめぐる謎と混乱はさらに深まった。

三木は自身の問題究明を支持する世論を背景に、臨時国会を召集、解散総選挙を行使することで、党内批判勢力を押さえ、自らの指導力を確保しようと試みた。しかし、九月一〇日の閣議では一五閣僚が抵抗し、解散文書に署名を拒否したために、内閣改造に止まった。このため一二月の総選挙を疑惑解明にむけた総理の指導力の行使としてではなく、任期満了として迎えることになった。自民党の支持率低下を受け、過半数を割った敗北の責任を取り、三木が退陣を余儀なくされるという、極めて皮肉な結末となった。

(川島高峰)

ロッキード事件の発覚

小西　さて、三木内閣で一番大きいと言ったら語弊があるかもしれませんが、ロッキード事件のことについてお伺いしたいと思います。

一九七六（昭和五一）年二月に、アメリカのほうで「コーチャン証言」というのが行われて、それが日本に伝わってくるわけですけど、最初にそういったニュースを聞かれたときに、武夫さんはどのような対応をされたご記憶がありますか。

三木　これは相当な事件だと。アメリカから言ってきたのだから、しっかり究明しないといけないと思ったというようなことを、私に直接話したわけじゃないんですけれども、友だちから電話がかかってきたりいろいろしますと、それに対して、そんなふうに返事をしておりました。

小西　日を追うごとにマスコミもどんどん報道するようになって、武夫さんは、ますますそういう気持ちになられたということですか。

三木　党内のお偉方は、なるべく抑えてしまえというようなことを言っていたんですけれども、三木はああいう性格でしたから、ごまかしちゃいたいとは思えないんですね。皆さんがそうおっしゃっても、自分は正すことは正したいと思っていたものですから、ちょっとした行き違いがあって、ややこしいなと私は眺めておりましたけれども、私が口出すべきことじゃないし。

小西　いまおっしゃった「ややこしい」とは、どういう状況をおっしゃるのでしょうか。

三木　党内でもお偉方は波風たてるなという考え方ですね。でも三木は、やっぱりきちんと処理すべきものは処理しなくちゃいけないというので、考え方が全然反対の方向を向いていたんじゃいかと思うんです。でも三木は不平も言わずに、自分だけはきちんとしなきゃいけないということを言っておりました。口には出さないけれども、もともとがそういう性格の人ですから、ここできちんとやるべきだというふうに。

小西　真相究明といいますか、きちんとという面では、かなり武夫さんのほうからもいろんなところに指示されたとか、そういうご記憶はありますか。

三木　はい。話がアメリカから起こってきたものですから。三木はアメリカでだいぶ長いこと生活しておりましたし、知り合いも多いものですから、できるだけきちんとした真相を教えてほしいということは言ってやったんだと思います。

小西　当時アメリカにいらっしゃっている格さんにも情報を集めさせたんだという一部の報道もあるようですが、そういったことはご記憶ありますか。

三木　うちの息子ですか。

小西　はい。

三木　息子には、そんなことは言わなかったと思います。学生でしたし。父親との交渉はなかったと思います。

小西　あっても新聞を調べるとか、そういったことが中心なんでしょうかね。

三木　三木はハンフリーさんとか親しい方たちに、それとなく情報を聞いたりしてはいたと思いますけれども、それがロッキード事件に関してとか、田中総理に関してとかということでなしに、いろいろ情報は親しい人がたくさんいて集めていたと思います。

フォード大統領への親書

小西　そういう武夫さんの決意が、その直後、衆議院の本会議でアメリカから直接資料をもらいたいという「三木親書」をフォード大統領に出されることになります。気持ちはあるにせよ、国民から見て大きく一歩踏み出したなという意識を与える行動だったと思うんです。そのことについて何かおっしゃっていたとか、あるいは睦子さんから見て、こういう理由だろうというのは何かありますでしょうか。

三木　ともかく三木は、いわゆる曲がったことが嫌いだとか、そんな気負い込んだことを言う人じゃありませんけれども、黙々と、資料はアメリカにあるのだから、アメリカの協力を得て資料も集めておかなくちゃいけないと思ったに違いないですね。

小西　そういう行動が自民党の近代化、あるいは日本の政治の浄化につながるというお考えがあった。

三木　それはそうだと思います。ただ、なかなかその当時の自民党というのは三木の言うとおりには動いてくれないというか、反対の立場が多かったと思います。「三木さん、暴走しないでくれ」というようなことを言ってたんだと思います。

竹内　フォード大統領宛の親書は、武夫さんがご自身で書かれたんですか。
三木　はい、そうです。
竹内　英訳もご自身ですか。
三木　自分でも英語に訳してはいたと思います。
竹内　そうすると、この親書自体は外務省を通してフォードに行ったのではなくて、直接武夫さんがフォードに出したという形になったんですか。
三木　いや、そんなことはないと思います。一応外務省にさせたんじゃないかと思いますけど、よくわかりません。アメリカの要路の人と直接しょっちゅう連絡してましたから。

真相究明に対する世間の反応

小西　そういう行動をとられたことによって、世論の反響は何かあったんでしょうか。
三木　一般の国民は、やっぱり三木さんはごまかして通ろうとはしてない、ということを理解したんだと思いますけれども、さあ党内はなかなかそう簡単に考えてくれなくて、ずいぶん居心地の悪い話になってしまったんです。
小西　手紙とか電話とか、あるいは睦子さんが街中で聞く声みたいなので、「もっと頑張って」みたいなものはありましたでしょうか。
三木　ありましたけれども、またその反対のものも。電話がかかってきて、法務省の偉い方の名前を語って何か言ってきたり。三木は真面目な男ですから、ひょっとしてそうかもしれないとは思いながらも、本心を簡単にしゃべったりしないものですから、ずいぶん長いことコジョコジョやってましたけれども。

竹内　手紙は直接武夫さんがご覧になって意を強くされるというか。

三木　はい。

小西　首相になると、いろんな手紙が送られてくるものなんでしょうか。

三木　そうでもないですね。ふだんとそんなに違いませんけれども、やっぱり直接耳に入れたいという人もけっこう国民の中にはありますから、そんなのは私も目を通しますし、三木も気をつけて見てはいたんだと思います。

いわゆる「三木おろし」（第一次）・野党の反応

小西　武夫さんが一歩踏み出したことによって、「三木おろし」というのが始まってまいりますけれども、いわゆる「第一次三木おろし」といいますか、田中・福田・大平とそして椎名さんという自民党の主力メンバーが「三木おろし」に走るわけです。まず三木内閣をつくるきっかけになった椎名が、手のひらを返したような対応をし始めた原因というのは、睦子さんはどのように考えていらっしゃいますでしょうか。

三木　何もかもきちんと四角四面に扱っていこうとする三木のやり方が、自民党的ではないんですね。自民党というのは、なあなあまあまあと適当にやってしまうのが長い習慣だったし、それをしなければ党の中が治まらないというようなこともあったんでしょうけれども。そのことを三木は気がついていたのか、ともかく真っ正直にまっしぐらに動く人なものですから、党のお偉方にはひんしゅくを買っていたとは思います。

小西　自民党が対立をしている状況の中で、野党の方々はどういう反応をされていたと思いますか。例えば民社党の春日一幸さん、社会党の成田知巳さん、石橋政嗣さんとか。

三木　野党の人たちには受けていたというか、やれやれっていうような気持ちがあったんだと思います。総理になる前から親しくしていたこともあって、「三木さん、ここで踏ん張って」なんというような声もあったと思いますけど。

小西　野党の党首クラスの方が、こちらへ見えることもあったんですか。

三木　そう、たまにはね。滅多なことじゃありませんけれども。

小西　春日一幸さんとか、成田知巳さんとか、そういった方々でしょうか。

三木　成田さんは来たことあったかな。自民党の方々ばかりではなかったですね。

竹内　その場合、そちらの玄関から入ってくるんですか。高橋家のほうではなくて。

三木　はい。内緒で来るわけじゃないから。

小西　自民党がもめていて、野党が武夫さんを応援している中で、一九七六（昭和五一）年六月のことですが、今度は新自由クラブというのが出てまいりますね。河野洋平さん、西岡武夫（衆議院・参議院議員。文部大臣・参院議長等歴任）さん、田川誠一（衆議院議員。自治大臣）さん、山口敏夫（衆議院議員。労働大臣等歴任）さんはじめいらっしゃるのですけど、特に西岡さん、山口さんというと三木派で、田川さんも三木さんに非常に近いと思われていたわけですが、こういった比較的若い人たちが出ていかれたことに対して、武夫さんはどういうふうな。

三木　三木がやりたいことを先んじられたという感じじゃなかったかと、私は思うんですけどね。放っておけば三木が同じようなことをやったに違いないと思いましたけど。

小西　睦子さんからすると、武夫さんは、ひょっとしたら将来自民党を出ていって新しい党をつくるかもしれないという。

三木　はい。それは最初に一緒に自民党でやるというときから、何であなた自民党なんぞにいるの、ということになって、でも自民党にいなければ自民党を動かせないいんじゃないかと思ったんでしょうね。私は、どうもそれが何となく気にいらなかったものですから（笑）。

小西　そういう意味では、極めて現実的な政治家ではあるんですね、武夫さんというのは。やはり変えていくためにはそこにいなきゃいけないという。

竹内　三木派の議員が出ていくことに対しては、何かおっしゃってましたか。

三木　さあ、三木派の人たちというのは、けっこういろいろおっしゃっていたんでしょうけれども、世間で騒がれるほどどうるさいことはなかったんですね。三木先生があありうことなさるんだけど、僕たちが放っておいたら先にやっちゃいそうなことだというようなことで、放っておけば自分たちも突っ走っちゃうかもしれないというようなことは、大いにあったと思います。

矢野　西岡さんとか、山口さんについて、睦子さんのほうで印象に残られている点はありますか。それともほとんど接触がなかったんですか。

三木　いえ。西岡さん、山口さんというのは、ちょっと若かったですから、とかく猪突猛進をやりかねない。でも、藤井勝志（衆議院議員。労働大臣等歴任）さんとか、坂本（三十次）さんとか、いわゆる長老の人たちがうまく抑えていたんだと思います。なかなか若い人たちを抑えきれないところがあって、元気に勝手な行動をしちゃいかんぞというようなことを先輩方は教えていたと思います。

小西　西岡さん、山口さん、あるいは三木さんに近い田川さんも出ていったことによって、党内で改革が遅れるといいますか、そういう意識はなかったですか。

三木　そんなになかったと思いますね。

田中角栄の逮捕

小西　当時の田中前総理の逮捕についてですが、同じく一九七六年七月に田中角栄さんが逮捕されるということになって、驚かれたと思うんですけれども、武夫さんは、逮捕というのは事前にご存じだったんでしょうか。

三木　事前には知らなかったと思いますけれども、それらしい電話はかかってきたと思います。

あれはどなたからかかってきたんだったかしら、ずいぶん長いことといろいろ話をしていたことがありましたね。そして、すぐそれが逮捕ということで。党内の人は、そんなに事を荒立てるべきではないということも言ってましたけれども、三木は、正すべきはちゃんと正さなければというようなことだったと思います。

ただ、公表されていた法務省の見解が、まっとうに新聞に書かれてはいなかったんじゃないかな。私は当時、これは法務省見解だみたいに新聞は書いているけれども、法務省はこんなことを言うわけがないから、新聞のでっち上げになるんじゃないかなと思うようなことがありました。それは田中さん逮捕についてなんですけれども、三木はそこまで発表するつもりは毛頭なかったろうと思うのに、新聞にはばかに早く発表されたんですね。私はそれを見て、おやっと思ったんですけれども。まあいずれは発表しなきゃならないことだから仕方がなかったんだと思うけど、ちょっと一日、二日、新聞のほうが早かったような気がするんですね。それだけ新聞社の人たちに田中さんというものが大物で、問題視されていたということかもしれません。

小西　前の総理が逮捕されるというのは歴史上ないことですよね。芦田内閣のときは確かにそのあとではありましたけれども。睦子さんご自身として、どういう状況といいますか、田中に何が起こっているんだろうみたいな、そういうことは思われませんでしたか。

三木　芦田さんのときは当然あるべきことでないと思って知っておりましたけれども、田中さんの場合は、どんな事件が起こっているのかよくわからなかったんです。田中という人は、非常に細かいところにも気を配っている人なのに、ババッとやりそうに世間では見てましたけども、どうでしょうか。私は、田中逮捕というのがあんなに早く出てくるとは思いませんでした。三木の心の中には、いずれはしなければいけないとは思っていたに違いないんですけれども、どう考えてもちょっと新聞の報道が早かったような感じがするんです。

矢野　田中さんが逮捕されたその日の夜、武夫さんがお家にお帰りになったときの印象とか、特に残っていることはありませんか。

三木　覚えてませんね。法務省の話ですから、三木がやったわけじゃないから、私にとっては三木に責任があったわけでもないんですけれども。長いこと電話にかじりついて、そのことについて報告を聞いてましたから、三木はいろいろ耳に入っていたんだと思いますけれども。

小西　秘書の中村慶一郎さんが書いていらっしゃるものを読むと、「朝六時半ごろ法務大臣から電話があって、朝から大変だったんだよ」と、睦子さんが中村さんに話していらっしゃるのですが、その朝六時半ぐらいまでは、少なくとも睦子さんは初めてお聞きになったんですか。朝聞いて、逮捕なんだということを思われたんですね。

三木　（うなずく）ほかの人たちは、まさかそこまで決断するとは思わなかったというのが、みんなの評でしたけれども。

小西　逮捕後に国民の関心といいますか、反応は何か変わった感じはありましたか。

三木　田中さんの性格なんでしょうけれども、開けっぴろげで、誰にでも親しまれていたから、まさか田中さんを捕まえるようなことを、そういうひどいことを三木さんがやるとは思わなかったよ、というような話がずいぶん出てきましたね。確かに田中さんというのは大衆には愛される人でした。だから世間の評判を気にしていたら、あんなときに逮捕という踏みきり方はしないと思いますけどね。

竹内　法務大臣の稲葉（修）さんとは、ずっと協同党時代からの付き合いですか。

三木　そうですね。

竹内　稲葉さんを三木内閣に入れるという考えは、早くから武夫さんのほうにあったんですか。

三木　わかりません。稲葉さんという人は、どっちかというと開けっぴろげの人だから、法務大臣に起用するというので、私はちょっとびっくりしましたけどね。

竹内　最初は防衛庁長官の予定だったと、松野頼三さんが明らかにしています。

小西　ほかの人でしたら逮捕はなくて、もっと日本の政治が混迷していただろうと思いますね。

ニセ電話事件

小西　先ほどちょっと出てきたニセ電話事件といいますか、布施検事総長を騙って、鬼頭という判事補が電話をかけてきたということがありましたが、何かそのことで思い出といいますか、ありますでしょうか。

三木　別にないんですけれども、怪しげな電話がかかってきて、ゴショゴショ言ってるなということは気がついていたんですよね。「変な電話？」って私が聞いたら、「フーン」とか何とか言って、何がかかってきたなんて言いませんでしたけど、どうも怪しげだったなと。

小西　いやがらせ電話も含め、けっこうそういう電話ってかかってくるものですか。

三木　やたらと。ですから私は、息子のお友だちを二、三人頼んで、あっちこっちの電話に、かかってきたらすぐとって内容を聞いてねってお願いしたんです。学生さんたちの純粋な耳で聞いたらわかるだろうと思って、頼んだことがあったんです。ほんの二、三日でしたけど、ちょっと助けてよって。このときとばかりに三木を陥れようということもなきにしもあらずでしたから。ニセ電話なんかも、三木はフンフン、フンフン言って聞いてはいましたけど、自分では、これは怪しい電話だというのはわかっていたんじゃないかなと思うんです。

「挙党協」の結成

小西　「三木おろし」の話に戻ります。八月に、武夫さんは、福田・大平と相次いで会談をされて、その会談が不調に終わったことから、お盆明け、福田・大平・田中、そして中間派の人たちが「挙党体制確立協議会」（挙党協）というものをつくります。何とか三木内閣を終わらせようとするわけですけど、その会談のことについてお聞きのことは何かありますでしょうか。

三木　忘れてしまいましたね。

小西　三木さんは対談に強いといいますか、順番に会っても論じ負けないといいますか、みんなが寄ってたかって、一人でもだめ、二人でもだめという形なんですけど、そういう強さというのはどこなんだと思われますか。

三木　全然わかりませんね、それは。一人っ子で育ってますから、そんなにいろんな人と話をする機会もなかったでしょうし、青年期の大部分はアメリカで暮らしてますから、日本語の社会じゃないから、そんなに政治的な話もしなかったろうと思うんです。

小西　弁論には二つあって、大衆に向かって話をするのがうまい人と、密室でやってうまい人といるという話があります。武夫さんを見ておりますと、わりと大衆型かなと、ずっと私は思っていたんですが、政治過程を見ますと非常に密室型でも強くて、これはなかなか特異な方だなと思っているんですが。

三木　両方やりますね。

小西　もう一つ、武夫さんがすごいなと思うのは、マスコミの活用というのが非常にお上手だと思うんですけど。

三木　でしょうかね。新聞社の人たちは、ここへ来るまでに吉祥寺なんて田舎に住んでいても大勢集まってきて。大きなフードの付いた暖炉がありましてね、その周りで、お芋焼いたり、お餅焼いたり。三木さんがいつ帰ってくるのかわからないものですから。私たちも若かったものですから、そういう人たちと一緒になって遊んだり、夜を徹して議論したりしてましたけど、マスコミをどう扱おうかなんていうのは考えたことないだろうと思います。

小西　例えばテレビ等で「総理と語る」といったときに、ちゃんとメッセージを的確に出される。それは非常にうまいといいますか、それも弁舌で、先ほど言った「大衆型」と「密室型」があるとしたら、もう一つ「テレビ型」の弁論があって、その三箇所にすぐれていらっしゃるのかなという気がいたします。

三木　ちょっと前の方たちはテレビというのを利用できないというかね。テレビが利用できた一番最初の総理だったかもしれませんね。

小西　それこそ佐藤内閣の退陣のときみたいに、マスコミの操作が全然できなくて、「新聞社は出ていけ」みたいなことになってしまう。

「三木おろし」の中で、松野頼三さんが武夫さんに協力的で理解を示している。この苦境に立ったときに頼三さんがいろいろ助けてくださったということなんですが、そのころの思い出というのはありますでしょうか。

三木　たぶん松野さんは、福田元総理が「三木さんとの連絡は君に頼むよ」とおっしゃったというので、何となく自分の仕事だということで、しょっちゅう見えていたんでしょうね。私なんか子どものころから、家族的に親しい仲でしたから、うちの連中なんかは「頼ちゃん、頼ちゃん」って言っていたぐらいですから、福田さんはちょうどいい人をよこしてくれたんじゃないかなという感じもしましたね。

松野さんとは死ぬまで私は仲良くして、しょっちゅう「一七会」と称して三木派の人たちが、新聞記者やら代議士さんやらが集まるときに、必ず三木の座る床の間を背にしてお座りになって、お接待をしてくれる側になってね。それは政治家としての成り立ちから言うと、別に三木派だったわけでもないんですけれども、亡くなってみると、私の幼友だちだし。そこ（応接間の隣の部屋）の日本間と床の間を背にして座って、それこそ新聞社の人たちをお接待する側に回ってくれてたんですね。だから松野さんという人は、ちらっと言ったことがあるんですけれども、もっと早く三木さんを知っていたらよかったのに、ちょっと遅すぎたようなことを言ってましたけど。ずいぶん権謀術数のある人だったというらわさはあるんですけれども、我々の仲間ではややこしいことしないで、ほんとに純粋にいい友だちで、亡くなるまでいい友だちでした。

小西　挙党協の中心メンバーであった保利茂（衆議院議員。衆院議長等歴任）さんとか、船田中（衆議院議員。衆院議長等歴任）さんについて何か覚えていらっしゃることありますか。

三木　私、保利さんとはあまり親しくしたこともないし、船中《ふなちゅう》さんもそうなんですけども、三木と一緒にやっていこうという人じゃありませんでしたからね、お二人とも。

小西　挙党協がどんどん活動していく中で、三木派と中曽根派が三木政権に協力するということになったんですが、中曽根さんというのは当時、どういう人だというイメージありましたか。

三木　私ね、そのころの与党の人たちは、たいてい小さいときから存じ上げているんだけど、彼とそんなに接触はなかったんですね。あんまりよく知らないのに批評しちゃ悪いなと思いながら（笑）。

小西　三木政権のときに、中曽根康弘という人はともかくとしても、中曽根派が協力してくれることに対して何か。ある意味では、政権を支えているのは当然といえば当然なんですが、ほかがどんどん挙党協に行ってしまって、三木派と中曽根派だけになった。そういった状況に対して心細さみたいなもの、あるいは中曽根派はよくやってくれているとか、そういう感想はお持ちでしたか。

三木　私は中曽根さんが何してくれたか覚えてませんけれども、もともと三木は、終戦直後ほんとに少数派で派閥がつくれるほどの数じゃなかったんですけれども、三木派だと称していたんですね。そこにあとから井出先生なんかが参加してくださって、だんだん数も増えて、力もついてきたんだと思います。何しろお偉方がみんなだんだんパージにあって消えてしまったので、弱小派閥ながら何とか派閥らしい格好を三木がしておりましたのが、自分でもこの若い人たちを頼りにやれるかどうかというような感じはしてたんだと思いますけど、何しろ一人ですから、あれもこれもで。

閣僚の解散文書署名拒否

小西　そうした中で挙党協に対抗するためにも、武夫さんは衆議院解散をされようとするわけですけれども、一五人の閣僚が解散の文書に署名しないということが起きます。武夫さんは、罷免してまでやろうということを考えていたということですけれども、それは武夫さんにとって、この改革を進めなければいけないという意識は相当強かったというふうに考えるんですけど。

三木　そうそう。だけど井出先生が「殿、ご乱心を」という感じでね（笑）。井出先生という方は大変温厚な方ですから。三木は一人っきりで、つまり兄弟なくて育ってますから兄弟げんかもしたことないでしょ。だから戦うことを知らないんですよね。で、井出先生がそばについていて、「まあまあ、いまは我慢してください」、そういうことが度々あったんじゃないかと思うんですよね。井出先生のほうは、おじ様、おば様も大勢だし、ご自分の兄弟も八人も九人もいらして、弟さん、妹さんをすべて掌握してね。家族の中では家長としてのあれをしていらしたので。三木みたいに一人ぼっちで何でも一人で考えてするというのは、心許なかったんだろうと思います。ちゃんとそばについていて、「先生、そりゃ逸りすぎますよ」とか、抑えるところは抑えてくださったんだと思います。

小西　それを聞いて武夫さんも、それはそうだ抑えなきゃいかんという思いがあったのか、秘書の中村慶一郎さんに、もしここで解散を強行していたらファッショと呼ばれていただろう、みたいなことを漏らしていらっしゃるんですけど、そういうことも。

三木　そうですね。

竹内　挙党協との対立が激しい二カ月後に、昭和天皇の在位五〇年記念の式典がありましたね。ここで解散すると、式典には衆議院議員が下手すると出られないということも。宮内庁のほうに、例えば式典の日時を動かせないかとか、そういう打診というのはされたんですか。

三木　そんなことはしないと思いますね。そんなことはなかったと思います。

内閣改造

小西　結局、総選挙はないということになって、内閣改造をされて、党三役人事でまたかなりもめたというふうに伝わっています。特に松野頼三さんを当初は幹事長にという話が、総務会長になられるのですけれども、何かこのころのお話で思い出になることはありませんか。
三木　とんと何がなんだか思い出せませんね。
小西　ちょうど人事でもめているときに、長男の啓史さんが結婚をされまして、三木さんが夜遅く結婚式会場にいらっしゃったということが。
三木　そうなんですね。何もかも井上靖先生が取り仕切ってくださって、最後の新郎の父親の御礼の挨拶も井上先生が代わってしゃべろうとしたときに、トントントンと階段を下りてきたんです。そして何がなんでも間に合ったような感じで。喜劇だか、悲劇だかわかんない（笑）。
小西　井上靖さんとは、どういうきっかけでお知り合いになられたんですか。
三木　どこでどうなったのか存じませんけど、同い年で若いころから「同い年の会」というのを、あの二人がでっち上げた会なのかもしれませんけども。お互いに好きだったんでしょうね。仲良しでした。例えば奈良の「お水取り」に一緒に行こうとか、阿波踊りに一緒に行こうとか、何やかやとそういうことでご一緒して、親しかったので、息子たちは井上先生に仲人していただこうということになったんだと思います。

総選挙

小西　総選挙についてお伺いしたいんですけれども、昭和五一年一二月一五日に衆議院の総選挙が行われて、挙党協との対立の中で、武夫さんの遊説自体がかなり制限されたというふうに聞いておりますが、相当大変な選挙だったんですか。

三木　そうですね。遊説を拒否するようなところも出てきましたからね。来てくれるなというのでね。

小西　党が二つに分かれて分裂選挙なんですね。最終的には自民党が過半数を取れないことになってしまうんですけれども、その理由は分裂選挙にあったと思われるのか、それともロッキード以降の国民の批判と見るのか、非常に難しいと思うんですけど。

三木　分裂選挙だからといって、投票する人がそういうことを考えて投票するだろうか。やっぱりロッキードや何かのことのほうが、一般の国民には関心が深いんじゃないでしょうかね。

一三　内閣退陣とその後の政治活動

ロッキード問題をめぐって自民党内が二分するなかで、一九七六（昭和五一）年一二月に衆議院議員総選挙が実施された。この選挙で自由民主党は改選前から議席を減らし、三木は敗北の責任をとって内閣を総辞職した。

総理辞任後も、三木は一九七九年には大平正芳首相に「国会議員の選挙浄化に関する特別措置法要綱」を提出したほか、一九八三年に東京地裁においてロッキード事件裁判の判決が出されて、田中角栄元首相らに有罪判決が下されると、田中角栄元首相の議員辞職と政治倫理の確立に向けた検討を行うよう訴えるなど、自らの政治信念である政界浄化を主張し続けた。

また、総理辞任後も引き続き三木派を率い、自派に属する河本敏夫を自民党総裁にするべく尽力したものの、実現させることができなかった。一九八〇年になり、三木派は解散。その後、自由民主党の最高顧問や国際軍縮促進議員連盟会長に就任するなど、政治活動を続けていたが、八六年六月、脳内出血で倒れて入院した。翌七月の衆議院議員総選挙では候補者不在の選挙となったが、当選を果たした。八七年四月、議員在職五〇年の表彰を受けた。尾崎行雄に次ぎ、日本の憲政史上二人目のことであった。

それからも、病からの復帰を目指したが叶わず、一九八八（昭和六三）年一一月一四日、八一歳で亡くなった。死去後、三木家による葬儀のほか、内閣・衆議院合同葬、徳島県民葬、土成町民葬がそれぞれ執り行われている。墓は、菩提寺である徳島県阿波市の神宮寺にある。翌一九八九（平成元）年五月、衆議院の正面玄関に胸像が設置された。

後継者として長女の高橋紀世子氏が、一九九八年の参議院議員選挙で徳島選挙区から立候補して当選し、参議院議員を一期務めた。

（竹内　桂）

退陣

小西　衆院選で自民党が過半数を割ったことによって、武夫さんは責任をとって辞任されることになるのですけれども、辞任にあたってご家族に、あるいは睦子さんにお話しになったことありますでしょうか。「辞めるよ」ということは、いつお聞きになりましたか。

三木　忘れましたけれども、自分でやることは説明なんかしなくたって、わかってくれるだろうぐらいの、何しろ図々しい男でした（笑）。

小西　秘書の中村さんが言っていらっしゃる中で、辞めるにあたって「私の所信」という文書を書いていらっしゃる。それが真鶴の別荘に一週間こもって執筆していたというふうに書いていらっしゃるんですが。

三木　そんなに長いことといたわけじゃないんでしょうけれども、そうでも言わなきゃ、書いたものに対する重みがないじゃない（笑）。

村松　真鶴に行かれるときは、だいたい同行されていたんですか。

三木　はい。必ずどこへ行くにも付いて歩いてました。というのは、手間暇かかる人でね。ほかの人じゃなかなか扱えないと思います。

小西　真鶴に行ったとき、（執筆）時間はともあれ書いていらっしゃって、それを書いていらっしゃるときに、睦子さんとしては、ひょっとして辞めるのかな、みたいなことは。

三木　それはそうですね。

矢野　真鶴へいらっしゃるときは、いつもこちらの運転手さんが送られるんですか。
三木　はい。
矢野　お二人だけ乗られて真鶴へは。
三木　二人だけのときもありますし、高橋秘書官を乗せていくときもあります。真鶴へ行く途中で大げんかをして、私は車から飛び降りたりして（笑）。いろいろありますからね。
矢野　真鶴ではときどきミカン狩りを皆さんでなさったりとか。
三木　いまでも秋になると、国連婦人会だとか、発明協会だとかって、三、四回ミカン狩りをやるんです。けっこう肥料をやって、甘くて美味しいミカンです。最初はね、酸っぱいというよりも、苦いみたいでね。長年ほったらかしになっていたものですから。それから肥料を入れて。肥料といったって、私は自分の父親がつくった肥料だから簡単に手に入るのかと思ったら、やっぱり農協に頼んでどうとかってややっこしいんですね。私は、工場へ電話かけたら翌日は届いてくるんだと思って（笑）。

内閣退陣後の三木武夫

小西　今度は、首相を辞められたあとのお話を聞かせていただきます。
　一つは、内閣退陣後の武夫さんについてですが、首相を辞められるとかなり生活パターンが変わると思うんですけど、辞められたあとはどういった生活になっていらっしゃったんでしょうか。

三木　昔の生活に戻ってしまいましたから、ここでいつものとおり。そして日曜日になると真鶴へ行ってというので、大した変わりはなかったと思います。

小西　以前からやっていらした絵を盛んに描くとか、そういったことをされていたんですか。

三木　絵は総理を辞めてから突如描き始めたんです。全然その気はなかったんですけど、暇になったら何がしたいかと聞いたんですね。そしたら、僕は絵を描きたいと。随分昔に芸大から未だお若かった平山郁夫先生が、画板から絵の具から何からすっかり持って来てくだすったんです。「平山先生、僕は日本画やりたいんじゃないんだよ。油絵を描きたいんだよ」って（笑）。まあわがままな人ですから、天下の平山郁夫先生に。私もそれを聞いてびっくりしたんです。だから油絵は野呂先生のお勧めでほとんど独学にみたいに。二階に飾ってありますけど。平山先生みたいな大先生が教えてくださるというのに、途端に拒否されて（笑）。

野呂恭一（衆議院議員。厚生大臣等歴任）さんという代議士さんが、あの方がもとは絵の先生だったんですって。学校で教えていらした。それで、じゃ一緒に描こうといって。

矢野　「ミロの会」で展覧会をなさっていましたね。

三木　そうそう、やってましたね。

小西　平山さんは、紹介はされたけど、習いはしなかったんですか。

三木　ええ。前から存じ上げてはいたんですけれども。

小西　武夫さんは油絵を始められたんですが、書は前からやっていらっしゃいますよね。書と絵を描くのというのは……。

三木　字が下手でどうしようもなかったんです。それで私の母が「三木さん、どうしようもないじゃないの」と言ったら、「いえ、いいんです。僕はタイプライターを持ってますから。手紙は全部タイプで」。「あのペラペラな紙に書いてある手紙が来たって、誰も喜ばないよ」って母がさんざん言って、書道を少しやりなさいって、毎週火曜日に母のところに呼びつけられて稽古させられたんです。それでちゃんと大きな字も書くようになりましたけどね。母のおかげでございます。

小西　つまり油絵は趣味で。でも、書も趣味だったんですかね。

三木　書は仕方なしに、母が生きている間は致し方なし。でも、そのうちに必要に迫られて書かなきゃならないようになったものですから、大きな長い字も書いたり、横幅のあるものを書いたり。だから母のところでお稽古しなければ、そんな大きなものを書く気はなかったと思います。

小西　明治大学のいろんな記念品に、武夫さんが書かれた「権利自由　独立自治」というのが入っておりまして、私の研究室にもそういう盾があります。

竹内　武夫さんは展覧会などを、やろう、やろうという感じだったんですか。

三木　いえ。やろう、やろうと言われたこともないんですけれども、高島屋なんぞが「いかがですか」なんてくると、高島屋のほうが招待展覧会なんて言ってるくせに、けっこうお金かかるんですよね（笑）。私、つまらないからいやだなんて言ったりしてたんですけれども。

小西　そのときに武夫さん、新作をつくられるんですよね。こもりっきりで書かれるということがありますか。

三木　古いのも、あり合わせも出しますけれども、新しく書きましたね。

矢野　揮毫をお願いするお手紙とかがときどき来ているんですけれども、その方から頼まれた文を書かれることもあったんでしょうか。

三木　そうですね。

小西　武夫さんが「信なくば立たず」みたいな、自分で好きな言葉として書かれることが多いのか、頼まれて書くことが多いのか、どちらでしょう。

三木　三木の場合は、自分で漢書を引っかき回して好きな字というか、書ける字を探すんじゃないでしょうか（笑）。練習できそうな字を、というのじゃないかと思うんですけどね。

小西　武夫さんは、字はふだん練習をされているんですか。

三木　一週間に一ぺん火曜日に字を書くということに決めているんですね。それは母が生きていたときに、どうしても火曜日には来いと呼ばれたものですから。私にはすごく逆らうんですけども、私の母に対しては大変敬意を表して逆らわないで、はいはいはいって。

小西　頼まれると、人によっては何回も書いて一番いいやつという人もいれば、一回でさっと書いて終わる人もいるようですが、武夫さんはどちらのタイプだったんでしょうか。

三木　滅多に何枚もは書きません。ただ、よくよく気に入らないと、クシャクシャっとやりますけど。

選挙浄化

小西　武夫さんが総理を辞められたあとも政治浄化、政界浄化というのに非常に熱心に取り組まれて、昭和五四年に「三木私案」というものを時の大平総理に渡されるわけですけれども、こういった政治浄化、政界浄化に、武夫さんが若いころからずっとそうなんですけど、こだわり続けられた理由というのは何だったとお考えですか。

三木　やっぱり政界の昔々からの、いろんな溜まり溜まったオリというのが我慢できなかったんだと思うんですよね。きれいになるかと思っていろいろやってみたけど、結局はきれいにすることもできないで死んでしまったんですけど。

小西　政治浄化を唱えていく中で、武夫さんの信念というのは非常によくわかるんですが、もう一つ皮肉な見方をすると、小派閥なんだから、自分を売っていくにはそういった理念を唱えるしかないだろうという人たちもいます。そういったことに対してはどのようにお考えですか。

三木　政治浄化が先ですからね。あとからついてくる人たちは、わりに選挙にお金かからない人が一緒になったんだと思います。例えば北のほうで言うと坂本三十次先生なんていうのは、広大なお屋敷を持って、お庭の隅々に国宝級の仏様がいたりね。これは何とかなるかしらと思って車へ乗せて出たら、それは国宝ですからとてもお売りになるわけにいかないでしょうと言われて帰ってきたとか。「僕は貧乏しているんだよ」っておっしゃるの（笑）。ともかく庭にころころ国宝が転がっていて貧乏していらっしゃる。お庭といっても山ですからね。その山にお家があって、それが全部ご自分のものだけど、税金を払わなければいけないからお金がかかるのよとおっしゃる。

みんなそういうふうに、おっとりとして貧乏なふうを見せないけども、本当は貧乏だなんていうような。だから国で出してくれる歳費なんていうのはありがたいんだっておっしゃるの。お金持ちのくせに、それで暮らしている、なんていうようなことをおっしゃるけど。

四〇日抗争と政権への思い

小西　一九七九（昭和五四）年に大平首相が総選挙で負けまして、引責辞任を要求されます。それで居座って「四〇日抗争」と呼ばれるものがあったんですが、そういうのを見ていらっしゃって、武夫さんは何か発言みたいのはありましたでしょうか。

三木　さてね。何か言ったのかもしれないけど、思い出せませんね。

小西　その一つ前に、武夫さんが選挙で負けたことによって引責辞任をした。今回、大平さんが選挙で負けたのに、今度は田中の影響を受けて居座るということに対して、それはおかしいんじゃないか、みたいなことはなかったわけですか。

三木　声を荒げて言ったことはないと思います。僕は辞めたのに、あんたは辞めないでいいんですか、なんてことは言わないと思います。

小西　ちょっと話が広がってしまうんですけれども、辞められたあと、武夫さんはもう一回自分が返り咲いて、政界浄化あるいは政治の立て直しをしようと、そういう意識はおありだったのでしょうか。

三木　あったと思いますよ。あったと思いますけど、あの人はもともと体が丈夫じゃありませんからね。だから無理をしてもやっていけるかというのを……。

政界浄化とロッキード事件への関心

小西　ロッキード事件のその後に関してなのですが、田中元首相に対して東京地裁の判決で懲役五年という実刑判決が下って、そのときに武夫さんが記者会見で「ロッキード事件判決に関する見解」というのを述べていらっしゃいます。そこで「急務は田中型政治を精算することだ」というふうにおっしゃっているんですけれども、このほか何か判決に関しておっしゃっていた記憶はありますか。

三木　私は、うちでそういう話をしたかしないかも、みんな……。

小西　政界浄化を唱えている武夫さんにとって、三木派というのはどういう存在だったんでしょうか。

三木　志を同じくする人ばっかりですから、けっこう貧乏人が寄ってたかっているという感じですね。井出先生などはご自分も家業で働いて、働いたあげくにその合間を縫って京都大学を卒業しているんです。家業のほうが忙しくて、一年ぐらい遅らせて入学したとかというようなこともあって、みんな武士は食わねどみたいなね。格好はいいんですけどね。確かにお金はあるけど貧乏しているという人ばっかりで。

三木派解散・河本派へ引き継ぎ

小西　一九八〇（昭和五五）年六月に派閥総会において三木派の解散宣言をされるんですけど、そこで三木さんにかわって河本さんが就かれることになるんですが、何かおっしゃっていたとか、思い出みたいなものはありますか。

三木　河本派で寄り集まっていろいろああでもないこうでもない、勉強会というよりも派閥の会がときどきあるんですね。そうすると井出先生と三木と二人で、そこらに座ってじっと待っているんですよね。

小西　必然的に集まった同志であると同時に、さらに必要悪と言うと変ですけど、必要なものでもあるということですよね。

一七会の本などに睦子さんが書かれたものを見ますと、武夫さんは一九八六（昭和六一）年に肺炎で入院されてから徐々に体調が落ちていったと書かれているんですが、選挙にもう耐えられないというような状況だったんでしょうか。

三木　最後の選挙ですね。そのときは本人は病院に入ってましたから、どうしようかと言っていたんですけど、娘がしょっちゅう選挙区へ通っていて、選挙区の様子は簡単に辞めると言えないんですね。それでズルズルと立候補することにして、当選してしまったんです。当選したはいいけれども、三木はもう一度国会へ行くつもりではいたんですよ。五〇年の表彰を受けるのに、その趣旨のあれを原稿用紙に書いて、ぼそぼそ読んでました。その当日は、ちゃんと着替えて出かけると言って用意していたんですけど、どうも微熱もあるし、出にくいんじゃないか。だったら書いたものを誰かに代読してもらったらというような話が出て、結局本人は国会へは行きませんでした。すごく最後は行きたかったらしいけども、病院にいたものですから、こんな熱があるのにだめですとか何とかってお医者様に止められて、素直な人だからあきらめたんですね。

小西　入院はされていたけど、普通に会話をしたり、そういうことはされていたんですね。

三木　ときたまここへも帰ってきたりしてましたから、病院へ行かなくても、ここで暮らしたらというような話もしたんですけど、「いや、約束してあるから病院へ行くよ」なんて言って。

在職五〇年表彰

小西　衆議院で五〇周年の表彰を受けられて、本人は相当出たかったんでしょうね。

三木　ですね。だから答辞をちゃんと原稿用紙に書いてましたし。

小西　家族の方が特に付きっきりで看病という状況ではなかったんですね。

三木　じゃないんです。ひどく悪いわけでもないし。ただ病院にいるものですから、何となく弱っている感じはしたんですけど、出て出られないことはなかったんでしょうけど、ちょうどそのときに風邪を引いてしまって。

小西　衆議院の玄関を入ったところに胸像が立ってますが、あれはずっと後なんでしょうか。

竹内　胸像ができたのは、国会開設一〇〇年（一九九〇年）と重なったんじゃないでしょうか。

三木　そうですね。たぶん三木は、いまの国会議事堂ができて最初の議員だと思うんですよ。昔、日比谷にあったというのは、私も知りませんけれども、そちらには行かなかったと思います。三木が初めて入ったときには、まだ庭に石がゴロゴロ。つまり、使った材料がいっぱい積んであったんです。そこで「二・二六事件」が起こったんですから。

葬儀

小西　亡くなられたあと芝増上寺で葬儀があって、武道館で内閣と衆議院の合同葬があって、さらには徳島の県民葬と、非常に盛大な葬儀が行われました。ご家族にとっても非常に大変な日々だったと思うんですけれども、葬儀での思い出みたいなものはありますでしょうか。

三木　興奮していて覚えがないのかもしれませんけど、病院から葬列を組んで国会を回ったりなんかして、ともかく最後だから国会も通って見せようというので、国会を回って家へ帰ったんです。お葬式のときは武道館でしましたが、これはやたら大きなお葬式をしていただいて。私は三木のお葬式はひっそりと厳粛にやりたいと思ったのに、ばかに大きなお葬式になったんです。これは私人じゃないから仕方がないなと思ったんですけれども。

竹内　内閣からお葬式の段取り等の通知がくるわけですね。

三木　何やら長い名前のお葬式でしたよ。内閣何とかかんとか合同葬とかいって。

小西　増上寺のほうは三木家でやられたんですか。

三木　そうです。

小西　徳島県民葬というのは徳島県知事（三木申三知事）から。

三木　はい。

竹内　土成町のほうでもお葬式があったんですか。

三木　はい。

竹内　そうすると四回。

小西　県民葬と土成町と、徳島では二度あったんでしょうか。

三木　県民葬は一度じゃなかったかしら。ちょっと埋葬のときに何か格好つけたみたいですけど、それは……。

小西　武夫さんのお墓は土成町に？

三木　はい。

小西　この近くというか、分骨はされていないんですか。

三木睦子氏（2008年）

三木　してないんです。

小西　睦子さんは土成町にお墓参りに行かれるという形ですか。それは武夫さんのご希望だったということですか。

三木　そんなことないと思いますけどね。死んだあとのことなんかいろいろ言わなかった。

小西　難しいというか、どこにお墓をつくるかというのは、我々みたいに何でもない人間にとっても大きな問題ですけど。

三木　三木は両親のお墓をつくったんですね。だから私は、同じ格好のものを、三木のお墓をつくればいいと思っておりましたので。もしかしたら私もそこへ収まることになると思いますけれども、別に私の名前を彫り込まなくても、こんなちっちゃな箱ですから、入りさえすればいいと思っているんです。何も墓石に刻み込まなくたってどうということないと思いますから。私の弟は、「お姉ちゃん、僕の墓の隣に墓地あけておくから、ここへいらっしゃいよ」と言ってくれているものですから、千葉にも墓所はあるんです。
小西　東京とは言いませんが、関東にお墓をつくろうという気にはなられなかったんですか。
三木　はい。
小西　それは私にとっては驚きですね。
三木　そうですか。
小西　合理的に考えれば、そばにあったほうがお墓参りもしやすいとか、生きている人間の都合を考えれば、そういうふうに考えてしまうと思うんですが。土成町というのは、睦子さんにとってもここが原点だという思いが。
三木　元へ帰してあげるのがいいでしょう。
小西　最後に一つだけお聞きしたいんですけれども、武夫さんが亡くなられたあと、普通は政治家でいると地盤の引き継ぎということが起こってきて、高橋紀世子さんが引き継がれるのが常道みたいなふうに、世間では見ていたと思うんですけれども、亘さんの看病のために出馬を断念されたということでよろしいんですか。
三木　どうだったんでしょうかね。うちでは亘が出るべきだと思っていたんです。うちではというか、私は。ところが、亘は紀世子を出すべきだというものですから、主がそう言うのだったら、それも仕方がないなと思ったんですけど。結局、紀世子が出てみたら当選したものですから、六年もやって。ただ、間に病気しまして、どうしても辞めなければいけないということになって、辞めてみたら、それがよかったという感じです。

小西　睦子さんとしては、政治家にとって地盤というのは一番の財産といいますか、自分がすべてを注ぎ込んでつくってきたものみたいなところがあると思うんですが、いまとしては、それが三木家の手から離れたという状況ですね。

三木　長男も次男も政治家になる気がなかったものですから。紀世子は、夫が「やってごらんよ」と言ったんじゃないかと思うんですね。わりに嫌いじゃないことなものですから、父親の選挙のたんびに郷里へ行っていましたから、きっと郷里とのつながりも近かったんだと思いますよ。病気して辞めることになって、私はホッとしております。

小西　地盤に対する未練という言葉は適切でないかもしれませんが、そういったものはお感じにはならないですか。

三木　私はずっと東京にしかおりませんし、三木が生きているときは選挙のときだけしか徳島へ行かなかったものですから。両親が亡くなってしまったら、このごろでも滅多に。法事をいたしますから、法事のたんびにちょっちょっと行って。家も新しくしましたから、ちょっと行って休むには便利なようにこしらえてありますが、私がいなくなったら、あとをどうするという人はいないと思うんです。紀世子が元気なら、あとを続いてやるんでしょうけど、ちょっと病気しましたから、徳島へちょこちょこというわけにいかないと思います。

小西　ありがとうございました。

（了）

年譜

西暦	元号		
1907	明治40	3・17	徳島県板野郡御所村で父久吉、母タカノの一人息子として生まれる
1920	大正9	4	徳島県立徳島商業学校入学
1925	大正14	7	徳島商業学校を退学処分となる
		9	兵庫県私立中外商業に転入学（一九二六年三月卒業）
1926	昭和元	4	明治大学専門部商科入学（一九二九年三月卒業）
1929	昭和4	4	明治大学法学部入学
		9	長尾新九郎とともに欧米遊学に出発（一九三〇年一一月帰国）
1932	昭和7	5	米国留学（サウスウェスタン大学、アメリカン大学にて学ぶ）
1936	昭和11	4	帰国。明治大学法学部復学（一九三七年三月卒業）
1937	昭和12	4	第二〇回総選挙で初当選
1938	昭和13	2・16	衆院有志と対米同志会を結成
		2・19	日比谷公会堂国民大会で「日米戦うべからず」と不戦論を唱える
1939	昭和14	4	米艦アストリア号国民歓迎委員
		11・26	「日米同志会」を結成。親米派の金子堅太郎を会長に日米戦争回避を唱える
1940	昭和15	6・26	森睦子と結婚
1941	昭和16	1・24	父久吉没
		6・22	長女紀世子誕生

西暦	元号	
1942	昭和17	4・10 第二一回総選挙に非推薦で立候補し当選
1944	昭和19	6・3 長男啓史誕生
1945	昭和20	5・19 秩父に疎開 5・25 二回目の空襲で目白の自宅消失 7初旬 紀世子を徳島へ疎開させる
1946	昭和21	3 第二二回総選挙に無所属で立候補（徳島全県区）。GHQに提出した資格審査の許可が遅れ、立候補が遅れるが、三回目の当選 5・25 協同民主党（委員長・山本実彦、書記長井川忠雄）結成。常任中央委員として参加
1947	昭和22	1・23 母タカノ没 3・8 国民協同党結成（協同民主党、国民党が合併）。書記長就任 6・1 逓信大臣（片山内閣） 6・30 国民協同党中央委員長
1948	昭和23	芦田内閣退陣直後、マッカーサーと会談、首相就任要請を断る
1950	昭和25	4・28 国民民主党結成（最高委員長苫米地義三）最高委員就任
1951	昭和26	1・20 国民民主党幹事長 3・10 次男格誕生
1952	昭和27	2・8 改進党結成（総裁重光葵）。幹事長就任
1954	昭和29	造船疑獄に巻き込まれる。飯野海運社長の俣野健輔から一〇〇万円のギフトチェックを受けたとの疑い 11・24 日本民主党結成 12・10 運輸大臣（第一次鳩山内閣）

1955	昭和30	11・15　自由民主党結成
1956	昭和31	12・14　総裁公選で石橋湛山擁立。二、三位連合で岸信介に勝利 12・21　自由民主党幹事長
1957	昭和32	7・10　自由民主党政調会長
1958	昭和33	6・12　経済企画庁・科学技術庁長官（第二次岸内閣） 12・27　警職法に抗議して灘尾文部大臣・池田国務大臣とともに辞任
1961	昭和36	7・18　科学技術庁長官、原子力委員長（第二次池田内閣）
1962	昭和37	8・4　二五年永年勤続議員として表彰 10・2　自由民主党組織調査会長
1963	昭和38	4・30　中央政策研究所設立 7・17　自由民主党政務調査会長 10・17　「党近代化」を訴える「三木答申」提出。「派閥の解消、政治資金の一本化」を盛り込む
1964	昭和39	7・16　自由民主党幹事長 7・28〜8末　池田三選後、胃潰瘍と診断される。入院し、胃潰瘍と胆嚢の手術を行う 10・26　川島副総裁と池田総裁の後継者選択に入り、佐藤栄作を指名
1965	昭和40	6・3　通商産業大臣（第一次佐藤内閣）
1966	昭和41	7・31　通商産業大臣再任（第一次佐藤内閣） 12・3　外務大臣（第一次佐藤内閣） 長女紀世子、高橋亘と結婚
1968	昭和43	10・29　総裁選出馬のため外務大臣を辞任、翌日自民党総裁選への出馬を表明 11・27　総裁選で一〇七票獲得（佐藤二四九、前尾九五）

西暦	元号	月日	事項
1970	昭和45		この年、吉祥寺から渋谷区南平台に転居
		10・29	二度目の出馬となった自民総裁選で予想上回る一一一票獲得（佐藤三五三）
1972	昭和47	4・15	周恩来首相の招きで中国訪問、周首相との間で日中国交正常化交渉で合意極秘メモを交換
		7・5	三度目の総裁選出馬。六九票（第一回）で惨敗
		7・7	無任所相（第一次田中内閣）
		8・29	副総理
		12・22	環境庁長官（副総理兼務）
1973	昭和48	10・1	徳島県連、参院徳島地区で後藤田正晴を自民公認に決定
		12・10〜28	石油危機打開のための政府特使として中東八カ国歴訪
1974	昭和49	1・7	米国訪問に出発
		7・7	参議院通常選挙で、三木が推した久次米健太郎が自民党公認の後藤田正晴を破って当選
		7・12	党改革のため副総理、環境庁長官を辞任。保利茂、福田赳夫も閣僚辞任
		11・26	田中首相、退陣を表明
		11・30	深夜〇時頃家族を呼んで、「大変なことになるかもしれない」と述べる
		12・1	椎名悦三郎副総裁、後継総裁に三木を指名（椎名裁定）。三木「青天の霹靂」と述べる
		12・4	自民党両院議員総会で新総裁（第七代）了承
		12・9	衆参両院で第六六代首相に指名。三木内閣誕生
		12・14	衆参両院で内閣の基本姿勢について所信を表明
		12・26	資産一覧表を発表
1975	昭和50	4	独占禁止法改正などをめぐり、椎名と対立。土光敏夫などからも厳しく反対。衆院のみ法案成立
		6・6	佐藤元首相の国民葬に出席して、右翼暴漢に襲われる
		7・4	政治資金規正法ならびに公職選挙法改正案成立

		8・2	訪米（〜一一日）。フォード大統領と会談（四日・五日）。六日「韓国の安全が朝鮮半島の平和に緊要」の共同声明発表
		8・15	靖国神社参拝
		11・15	ランブイエの先進六カ国首脳会議に出席（〜一七日）
1976	昭和51	2・4	チャーチ小委員会においてロッキード事件発覚
		2・19	ロッキード事件で記者会見、徹底究明を約束
		2・24	フォード大統領あてに三木親書を送り、ロッキード事件解明の協力を求む
		3・31	フォードから返書。事件解明開始
		5・13	椎名副総裁が田中、大平、福田の三氏と三木早期退陣で合意（三木おろしの表面化）
		6・25	河野洋平、山口敏夫など国会議員六名が自民党を離党し、新自由クラブ結成
		6・27	第二回先進七カ国首脳会議（サンファン）に出席（〜二八日）
		6・29	ワシントンで日米首脳会談
		7・27	田中角栄逮捕。以降「三木おろし」が激しくなる
		8・4	鬼頭判事補事件
		8・6	現職首相としてはじめて広島、長崎の原爆記念式典に出席する
		9・15	三木内閣改造。党三役人事
		9・15	長男啓史、高碕達子（高碕達之助孫）と結婚
		12・5	第三四回総選挙で自民党一六議席減
		12・24	内閣総辞職
1979	昭和54	7・26	首相官邸に大平首相を訪ね、「国会議員の選挙浄化に関する特別措置法要綱」（三木私案）を提出
1980	昭和55	2・1	自民党最高顧問に就任
		6・27	三木派解散。河本派結成
1983	昭和58	9・20	国際軍縮促進議員連盟会長に就任

西暦	元号	
1983	昭和58	10・12 「ロッキード事件判決に対する見解」を発表し、田中の議員辞職と政治倫理確立の具体的な方策の検討を求める
1984	昭和59	8・17 軍縮議連会長としてスウェーデンを訪問、パルメ首相と世界平和について会談
1986	昭和61	2 肺炎で四〇日ほど入院 6・4 脳内出血で入院（国立医療センター） 7・6 第三八回総選挙で一九回目の当選
1987	昭和62	4・14 衆議院から在職五〇年の表彰を受ける 10・1 三井記念病院に移る 12末 膵臓がんが発見される
1988	昭和63	11・14 午前一〇時三五分、三井記念病院で死去。享年八一
1989	昭和64（平成元）	5 衆議院正面玄関に銅像建立

総理の妻――三木武夫と歩いた生涯

2011年10月15日　第1刷発行　定価（本体2000円＋税）

述　三木睦子
監修　明治大学史資料センター
編集　明治大学三木武夫研究会
発行者　栗原哲也

発行所　株式会社　日本経済評論社
〒101-0051　東京都千代田区神田神保町3-2
電話 03-3230-1661　FAX 03-3265-2993
info8188@nikkeihyo.co.jp
URL: http://www.nikkeihyo.co.jp
装幀＊山本耕一　印刷＊文昇堂・製本＊高地製本所

乱丁落丁はお取替えいたします。　Printed in Japan

ISBN978-4-8188-2183-5